윌리엄 오닐의 이기는 투자

일러두기

이 책은 1999년 미국에서 출간되었으며 저자는 이 시기를 기준으로 설명하고 있습니다. 당시에는 주식투자 정보를 개인투자자가 구하기 어려웠고, 저자는 그러한 투자자에게 엄선된 지표와 리서치, 정보를 제공하기 위해 경제지 〈인베스터스 비즈니스 데일리(IBD)〉를 1984년부터 창간해 운영했습니다. 〈인베스터스 비즈니스 데일리〉의 여러 섹션과 그 활용법이 책에 언급되고 있는데 1990년대 기준이라 현재 상황과는 다소 맞지 않는 점을 양해해 주십시오. 현재 국내 투자자는 저자가 언급하는 정보와 인베스터스 비즈니스 데일리 사이트(https://investors.com)를 통하지 않더라도 포털사이트와 증권사들을 통해 충분한 정보를 얻을 수 있습니다.

이 점을 참고하되, 윌리엄 오닐의 오랜 투자 경험과 성공에서 우러나온 조언을 통해 자신만의 투자 기준을 만들고 매매 규칙을 세우는 데 도움이 되시기를 바랍니다.

윌리엄 오닐의 이기는 투자

24 Essential Lessons for Investment Success

성공적인 투자를 위한 24가지 핵심 수업

William J. O'Neil

윌리엄 오닐 지음 | 이혜경 옮김

이레미디어

"투자를 시작하고 주식을 선정할 때 윌리엄 오닐보다 더 훌륭한 멘토를 만나기는 어려울 것이다. 이 책은 투자에 진지하게 임하는 사람들의 필독서다."

해리 덴트 주니어Harry S. Dent, Jr.,
《번영을 구가한 2000년대와 2000년대 투자자The Roaring 2000s and The Roaring 2000s Investor》 저자

"크레이머 버코비츠에 투자 지침서라고 할 수 있는 건 이 책밖에 없다."

짐 크레이머Jim Cramer,
더스트리트닷컴 공동 설립자 겸 크레이머 버코비츠 앤 컴퍼니의 헤지펀드 매니저

"그 어떤 유행도 윌리엄 오닐이 투자자들과 나누는 정통 원칙들과 경쟁할 수 없다. 내가 사업해온 지난 35년 동안, 나는 시장에 대해 그리고 시간이 흐른 뒤에도 괜찮은 주식을 고르는 방법, 주식을 잘 매도할 수 있는 시기에 대해 윌리엄 오닐보다 더 잘 아는 사람을 거의 본 적이 없다."

포스터 프리스Foster Friess,
프리스 어소시에이츠 회장 겸 브랜디와인 펀드 공동 매니저

"정보 과부하, 데이 트레이딩, 시장 변동성이 일상인 요즘 시대에 저자 윌리엄 오닐은 투자 시 감정을 제거하고 장기 투자할 수 있는 명확하고 이해하기 쉬운 경로를 제시한다."

린다 오브라이언Linda O'Bryon,
<나이틀리 비즈니스 리포트> 수석 부사장 겸 편집장

"윌리엄 오닐은 지난 30년에 걸쳐 입증된 투자 전문가다. 그는 시장에서 가장 빠르게 성장하는 기업을 찾아내는 대단한 안목을 지녔다."

윌 다노프Will Danoff,

피델리티 인베스트먼트 '콘트라 펀드'의 포트폴리오 매니저

"윌리엄 오닐의 투자 기법은 지식과 경험으로 가득하여, 확장하고 있는 투자업계에 도움이 될 것이다. 나는 로이터의 시장 전문가들의 지식과 교양을 높이기 위해 오닐의 기법을 종종 활용하고 있다."

조셉 A. 란자Joseph A. Lanza,

로이터 아메리카 부사장

"우리는 윌리엄 오닐의 상식적인 투자 방식이 개인투자자에게 용기와 힘을 준다는 것을 알고 있다. 아울러 개인투자자라면 뮤추얼 펀드에 대한 오닐의 강조사항을 반드시 읽어야 한다고 생각한다."

앨런 콘, 스티븐 콘Alan and Stephen Cohn,

미국 최대 뮤추얼 펀드 포럼 '세이지 온라인' 공동 대표

목차

추천사   004

서문   008

제1강   :   모든 투자자가 알아둘 사항   011

제2강   :   시작: 지금 같은 시기는 없다!   021

제3강   :   당신의 감정보다 시스템을 따르라   031

제4강   :   기본적 분석이냐 기술적 분석이냐   039

제5강   :   펀더멘털 중 첫 번째: 이익과 매출액   047

제6강   :   상대적 주가 강도: 중요한 기술적 분석 도구   055

제7강   :   보유하고 있는 기업의 주식을 이해하라   063

제8강   :   거래량과 기관 보증의 중요성   071

제9강   :   적절한 시점에 매수하는 법   081

제10강 :   차트 패턴을 큰 수익으로 연결하는 법   093

제11강 :   전문가처럼 주식 차트 읽는 법   103

제12강 :   주식시장 건전성 측정법   115

제13강 :   시장이 정점에 도달한 시점을 파악하는 법   123

제14강 :   시장이 저점에 도달한 시점을 파악하는 법   133

제15강 :   주식을 선택할 때 고려할 요소들   149

제16강 :   <인베스터스 비즈니스 데일리>에서 새로운 투자 아이디어 찾는 법   157

제17강 :   성장 투자 vs. 가치 투자   165

제18강 : 만물박사 투자자가 되려 하지 마라 173

제19강 : 당신의 포트폴리오에 알맞은 조합은? 183

제20강 : 모든 투자자가 익혀야 할 매도 규칙 195

제21강 : 모든 투자자가 익혀야 할 추가 매도 규칙 203

제22강 : 뮤추얼 펀드로 100만 달러 버는 법 211

제23강 : 너무 바쁘다고? <인베스터스 비즈니스 데일리> 20분 활용법 221

제24강 : <인베스터스 비즈니스 데일리>, 인베스터스닷컴을 활용하는 법 231

부록 A : 성공 모델로부터 배우는 법 239

부록 B : 투자자들의 성공과 실패 이야기 247

권장 도서 목록 255

용어사전 256

.

투자자들에게 지금 시기는 참으로 황금기라고 부를 만하다. 강세장이 오래 지속되거나 주가가 높이 치솟는 일은 상당히 드물다. 그런데 한편으론 자산 확대와 재무적 안정으로 향하는 행렬이 몇 년째 지나가고 있는데도 수많은 사람이 아직도 옆에 서서 이를 그냥 지켜보고만 있다.

안타깝다. 사회보장 제도가 은퇴 후 우리에게 필요한 자금을 충분히 제공하지 못할 것임을 우리 대다수는 알고 있다. 안락한 생활 수준을 유지하기 위해서는 과거 어느 때보다도 은퇴 후 추가 소득원이 필요하다. 그런 소득원을 마련한 이후에야 진정한 재무적 자유와 안정을 누릴 수 있다. 그런데도 왜 많은 사람들은 미국에 널려있는 어마어마한 투자 기회를 이용하지 않고 있을까?

정보 부족은 더 이상 쓸만한 변명거리가 못 된다. 개인투자자들은 인터넷으로 과거 어느 때보다 훨씬 더 많은 정보에 더 쉽게 접근할 수 있다. 그러나 다음과 같은 새로운 도전과제가 개인투자자들 앞에 나타났다. 그것은 바로 무수한 의견, 개인적 편견과 확대 해석들 사이에서 '진짜 정보'를 분리하는 안목이다.

이 책은 지난 45년간 주식시장에 대한 종합적인 연구와 분석을 바탕으로 한 차별화된 24개의 수업을 담고 있다. 이번 연구를 통해 시장 상황 및 여론과는 무관한 시장의 실제 작동 원리와 지침, 그리고 시간이 흘러도 반복적으로 작용한다는 것이 증명된 원칙을 발견했고, 그것을 책에 담았다.

우리는 1953년까지 거슬러 올라가더라도 매년 주식시장에서 이기는 최고의 모델을 만들었다. 이 모델을 따르면 수익률이 2배, 3배, 심지어 10배, 20배까지 상승했다. 우리는 주식에 대해 알려진 모든 정보를 샅샅이 분석해서 이렇게 어마어마한 수익률을 올린 '이기는 주식big winners'이 최고 주가를 형성하기 전에 어떤 공통점을 보이는지 알아보았다. 이 연구로 당신을 깜짝 놀라게 할 일곱 가지 공통된 특징을 찾아냈다. 이런 특징은 매년 일정하게 유지되었고, 주기적으로 반복되었다. 그렇긴 하지만, 당신이 읽고 배우게 될 것 중 몇 가지는 과거에 들어봤거나 사실이라고 여겼던 것과 반드시 일치하지는 않을 것이다.

이 책의 각 수업에서는 이기는 주식의 일곱 가지 특징을 살펴보게 될 것이다. 또한 주식 매매 방법과 적절한 매수 및 매도 시기, 차트 읽는 법, 우리가 매일, 매주 정보를 업데이트하는 〈인베스터스 비즈니스 데일리〉를 활용해 투자 아이디어를 얻고 포트폴리오를 관리하는 법 등을 제대로 배우게 될 것이다.

내 경험으로 볼 때, 어떤 분야이든 간에 성공을 가로막는 커다란 장애물은 두려움과 불확실성이다. 당신이 투자를 아직 해본 적 없다면, 이 책이 당신에게 견고한 지식 기반을 제공하고 투자에 '한 발 들여놓을' 용기를 줄 수 있기를 기대한다. 당신이 경험 많은 투자자라면, 이 책은 더 나은 성과를 내는 데 도움이 될 것이다. 또한 당신이 과거에 엄청난 수익률을 기록한 어떤 이기는 주식을 왜 놓쳤는지, 혹은 그런 이기는 주식을 보유했었지만 왜 큰 수익을 내지 못했는지에 대해 통찰력을 제공해줄 것이다.

계속 공부해서 지금까지와는 다른 큰 수익을 올리기를 바란다!

윌리엄 J. 오닐

모든 투자자가 알아둘 사항

1984년 〈인베스터스 비즈니스 데일리Investor's Business Daily〉[1]를 설립하기 전, 윌리엄 오닐은 이미 개인투자자이자 주식 투자 컨설턴트로 25년의 시장 경험을 지니고 있었다. 또한 거의 모든 주요 기관투자자를 고객으로 둔 증권사·리서치 회사의 대주주였다. 그의 경력은 22세에 시작되었다. 그는 서던 메소디스트 대학교를 졸업하고 결혼한 다음 공군에 입대했는데, 그즈음에 자신의 경제적 미래에 관심을 두게 되었다. 그는 전 재산이었던 500달러로 주식을 처음 매수했다. 그리고 시장에 대한 책을 읽기 시작했다. 당시 그가 읽었던 책 중 최고로 꼽는 것은 제럴드 로브Gerald Loeb가 쓴 《목숨 걸고 투자하라Battle for Investment Survival》였다. 그 책에서 꼽은 몇 가지 주제를 다뤄보겠다.

---

1 〈Investor's Business Daily(IBD)〉는 윌리엄 오닐이 1984년에 창간한 증권시장 전문 경제지다. 창간 후 일간지로 발행되다가 2016년 5월부터 주간지로 전환했다. 하지만 IBD 웹사이트에서 투자 뉴스를 매일 업데이트하기 때문에 제호는 '위클리'가 아닌 '데일리'로 유지하고 있다-옮긴이

Lesson 1

What Every Investor
Should Know Going In

투자자가 알아야 할 가장 중요한 사항은 무엇인가?

—

로브는 매우 성공적인 투자자였고, 손실은 전부 일찌감치 정리해야 한다고 말했다. 이것이 바로 나의 1번 규칙이 되었다. 당신도 그러해야 한다. 투자 계좌를 보호하는 것이 누구에게나 1번 규칙이 되어야 한다. 특히 당신이 신용대출금margin을 이용해(즉, 돈을 빌려) 투자한다면, 손절매(損切賣·loss cut, 보유 주식 가격이 매입한 가격 이하로 떨어졌지만 더 하락할 것 같아서 손실을 무릅쓰고 매도하는 것-옮긴이)할 용기가 필요하다.

당신이 신규 투자자든 경험 많은 투자자든, 가장 배우기 어려운 교훈은 당신이 항상 옳은 투자를 할 수는 없다는 사실일 것이다.

모든 손실을 재빨리 줄이지 않으면 당신은 머지않아 엄청나게 큰 손실을 입게 될 것이다. 빌린 돈으로 투자하면서도 매도 훈련이 전혀 되어 있지 않아 완전히 망해버린 40대 남성을 나는 일곱 명이나 알고 있다. 그들은 상당히 똑똑하고 교육도 잘 받은 사람들이었다. 지능, 교육 수준, 자존심, 고집, 자부심 같은 건 바람직한 매도 규칙을 따르는 데 전혀 도움이 되지 않는다.

문제는, 당신이 주식을 매수할 때면 늘 돈을 벌고 싶어 한다는 것이다. 그리고 매도로 손해를 보면 속이 뒤틀리고 자신이 틀렸음을 인정하기 어렵다는 것을 알게 된다. 이런 식으로 매도하느니 차라리 기다렸다가 주가가 다시 원래 수준으로 돌아오기를 바라는 게 낫다.

엎친 데 덮친 격으로, 당신이 손절매하고 나면 대개 그 주식은 반등하며 주가가 다시 오른다. 그러면 당신은 정말 속상해진다. 당신은 매도하겠다는 판단이 잘못되었고 손절매 전략은 나쁜 것이라고 결론을 내린다.

투자자가 손실을 어떻게 바라보는지는 대단히 중요하다. 역사적으로 볼 때 대다수 투자자가 잘못 생각하고 혼란스러워하는 지점이다.

스스로에게 다음과 같이 질문해보라. 작년에 당신은 집 화재보험에 가입했는가? 혹시 집에 불이 나서 전부 타버렸는가? 불이 나지 않았다면, 보험에 돈을 썼다는 사실에 화가 나는가? 내년에는 화재보험 가입을 하지 않을까? 당신은 애초에 왜 화재보험에 가입했나? 집이 불타버릴 줄 알아서였는가?

그렇지 않다! 당신은 회복하기 어려운 큰 손실을 볼 수 있다는 미미한 가능성으로부터 자신을 보호하려고 보험에 가입했다. 보험으로 손해를 줄이면 그걸로 되는 것이다.

손실을 어떻게 정의하는가?
-

로브의 손절매 기준은 -10%였다. 이는 대부분의 초보 투자자들에게 괜찮은 규칙일 것이다. 하지만 당신이 매수 시점을 한층 정확하게 맞추려고 차트를 이용한다면, 모든 손절매 기준을 매수 가격보다 7% 또는 8% 미만으로 잡을 것을 권한다. 이렇게 하면 당신은 일어날 수 있는 손실로부터 스스로를 보호할 자그마한 보험에 가입하는 셈이다.

주식이 매수한 가격에서 50% 떨어졌다면, 매수 원가를 회복하려면 100% 올라야 한다. 주가가 2배 오르는 주식이 흔한가? 당신은 이런 주식을 얼마나 자주 매수하는가?

당신은 투자에 성공할 때까지 얼마나 걸렸는가?
—

나의 경우 전체 투자시스템을 어떻게 짜야 할지 파악하는 데 2~3년은 족히 걸렸다. 결코 하룻밤 사이에 되는 일이 아니다. 대다수 사람의 학습 곡선은 거의 비슷하다. 세월이 갈수록 주식 선별 솜씨는 점점 더 좋아지고, 7~8% 손실을 내는 개별 건수는 상당히 줄어들 것이다. 게다가 이런 작은 손실은 엄청나게 상승한 주식에서 나오는 훨씬 더 큰 수익으로 상쇄될 수 있다.

당신이 월스트리트에 냈던 수업료 덕분에 피할 수 있었던 수많은 손실을 생각해보라. 대다수 사람은 대학 학위에 투자하는 것은 바람직한 결정이며 낭비라고 여기지 않는다. 그 정도는 투자해야 미래에 성공할 수 있다고 보기 때문이다. 그런데 왜 주식시장에서의 성공법은 달라야 한다고 말하는가?

뭐든지 성공할 가치가 있는 것은 배우는 데 시간이 걸리게 마련이다. 프로야구 선수는 3개월 안에 만들어지지 않으며, 마찬가지로 3개월 안에 성공한 투자자도 될 수 없다. 성공한 사람과 그렇지 못한 사람의 유일한 차이점은 결단력과 끈기다.

당신은 얼마나 끈기를 발휘했나?

—

나는 한때 수십 개 종목을 중간에 손절매한 적이 있다. 하지만 그 직후 시장이 하락세에서 벗어나더니 주가가 3배 이상 올라버렸다. 나는 종종 "만약 매수했던 수십 개 종목의 결과가 신통치 않아서 스스로에게 실망하고 아예 투자를 중단했다면 어떻게 됐을까?"라는 생각을 한다.

손절매 같은 결정을 내릴 때 어려운 부분은, 여기에 따라붙는 감정을 배제하는 것이다. 몇 주일 전에 매수했던 주식을 손해 본 상태로 매도하는 일은 누구에게나 마음이 편하지 않다. 현재 가격은 매수했던 가격보다 8% 미만일 것이다. 부정적인 감정은 점점 강해진다. 주식을 매수했을 당시의 원래 결정을 옹호하면서 주식을 계속 보유하는 것을 정당화하려고 애쓰기 마련이다.

그러나 과거만 생각하면서 살아갈 수는 없다. "할 수 있어", "해야겠어", "해내야 해"라는 말을 외치는 것은 자기 자신을 곤란한 상황에 빠뜨릴 수 있다.

당신이 주식을 매수한 시점은 오늘이 아니라 지난주 혹은 지난달이었다. 오늘은 그때와는 전혀 다른 상황이고, 당신은 누구나 당할 수 있는 심각한 손실로부터 스스로를 지켜야 하는 상황에 놓였을 뿐이다. 감정을 배제하라. 투자는 내일도 할 수 있다.

손절매 기준을 왜 8%로 잡았는가?

—

8%를 기준으로 손절매하면 하루라도 더 살아남아 투자할 수 있다. 나는 종종 사람들이 어떤 주식과 사랑에 빠져서 실수를 직시하거나 인정하지 못하고, 단호하게 매도 결정을 내리지 못해 파산하거나 심신이 피폐해지는 모습을 보아왔다. 매도할 상황인데도 망설이면 머지않아 큰 손실을 보게 될 것이다. 그리고 그 손실로 인해 자신감을 잃게 될 것이다. 만일 투자를 계속하기를 바란다면 당신은 그런 일이 절대로 일어나지 않게 해야 한다.

그런 부담을 일정 부분 완화할 최선의 방법은 "편안하게 잠이 오는 수준까지 매도하라(sell down to the sleeping point)"라는 오랜 격언을 따르는 것이다. 전부 매도할 필요는 없다. 그저 밤에 푹 잘 수 있을 정도까지만 팔면 된다.

매수한 가격의 7~8% 이하에서 손절매하는 경우, 나중에 그 주식이 25~30% 상승했을 때 조금 매도하면 손실을 상쇄할 수 있다. 이렇게 전체가 아닌 일부를 손절매한다면 마음이 편하다. 그러면 처음에 잘했다가 두 번째에 가서 실수를 좀 하더라도 별로 문제가 되지 않는다.

가장 수익률이 좋은 주식일수록 더 큰 이익을 낼 수 있도록 더욱 오랫동안 보유해야 한다. 언제나 가장 수익률이 나쁜 주식을 먼저 매도하라. 가장 수익률이 좋은 주식은 가만히 둬라.

어떤 주식에나 있는 리스크는 무엇일까?

내가 제시한 방식으로 투자한다면 AT&T를 매수하든 선도적인 인터넷 기업을 매수하든 어떤 주식에서도 당신의 리스크는 항상 8% 이내로 제한된다. 그러니 분야별 1위이면서 자기자본이익률 ROE과 이윤이 높고 매출액과 이익 성장세가 강한 선도적인 산업군의 기업들로, 가장 뛰어난 시장 선도주들만 선별해 투자하는 것이 어떨까?

요점 정리

- 신규 투자자라면 약간의 손실은 감수한다는 마음의 준비를 하라.
- 항상 매수 가격의 8% 이하까지 떨어지면 손절매를 시행하라.
- 투자를 배울 때는 끈기가 중요하다. 실망하지 마라.
- 투자 공부는 하룻밤 사이에 되지 않는다. 투자에서 성공하기까지는 시간과 노력이 필요하다.

24
Essential Lessons
for Investment
Success

제2강

시작: 지금 같은
시기는 없다!

제2강에서는 투자 첫 단계로 좋은
주식 거래 중개인을 어떻게 찾는가, 돈은 얼마나 드는가, 그리고 당신이
이제 막 투자를 시작했다면 집중해야 할 투자 유형은 무엇인가 등을 다
룬다.

Lesson 2

Getting Started:
There's No Time Like the Present!

투자를 시작할 때 특히 더 좋은 시기가 있는가?

—

아니다. 언제든 좋다. 대다수 사람은 투자를 이해하고 배우는 데 적어도 2년쯤 걸린다. 따라서 학습 곡선을 진행하기 위해서는 일단 시작하는 게 중요하다. 완벽한 일자리를 구한 뒤라거나 특정 나이가 될 때까지 기다려서는 안 된다. 약간의 용기, 준비, 결단력만 있으면 된다. 일단 시작하면 투자에는 노력과 시간을 들일 필요가 있음을 충분히 알게 될 것이다.

제일 먼저 무엇을 하나?

—

증권사에서 계좌를 개설하라. 아주 간단하다. 은행에서 계좌를 개설하는 것과 아주 비슷하다.

종합증권사로 갈지 아니면 매매수수료가 저렴한 주식 거래 전문 증권사로 갈지 결정하라. 만약 신규 투자자라면, 종합증권사가 당신의 교육에 도움이 될 수 있다. 당신의 궁금증에 대답해줄 만한 거래중개인을 만날 수도 있기 때문이다.

하지만 꼭 알아둬야 할 사항이 있다. 모든 중개인이 시장에서 잘 해내는 것은 아니어서 좋은 중개인을 만나는 것은 꽤 중요하다. 나는 당신이 해당 증권사 매니저와 이야기해볼 것을 권한다. 담당 고객 대다수뿐만 아니라 본인 계좌에서도 수익을 올리는 중개인에게 중점을 두고 싶다고 설명하라.

당신이 고려하고 있는 중개인에 대해 다음과 같은 사항을 알아보라. 무슨 책을 읽었는지, 어떤 서비스를 참고하는지, 어디에서 정보를 얻는지, 일반적인 투자 철학은 무엇인지 등을 말이다. 그들의 자료 출처가 우량한지 아는 것은 중요하다. 중개인이 재직하는 증권사의 신규 상품 판매에 열을 올리는가, 아니면 어떤 상품이 당신에게 적합한지 진심으로 관심을 보이는가? 당신이 할 수 있는 한 최선의 대리인을 찾았는지 확인하고 거래해야 한다.

만약 당신이 주식 거래 전문 증권사를 선택한다면, 수수료(거래

시 증권사가 부과하는 금액)가 절대적으로 낮은 증권사를 찾아다니지 않았으면 한다. 사업을 오래 지속할 가능성이 높은 증권사의 서비스와 품질을 선택하라.

유형이 다른 계좌도 있는가?
—

처음에는 현금 거래 계좌^{cash account}를 개설해서 몇 년쯤 투자해보고, 그다음에 증권사에서 돈을 빌릴 수 있는 신용 거래 계좌^{margin account}를 고려하는 게 좋다(우리나라 증권사에서는 주식 거래 계좌를 개설하면 주식 매매 시 현금 거래와 신용 거래 모두 가능하다-옮긴이).

그런 다음에는?
—

매주 적어도 몇 시간은 당신이 한 투자와 시장 동향을 살펴볼 수 있도록 일정을 잡아라. 또한, 다른 사람들이 하는 이야기와 조언을 듣는다면 대단히 조심하라. 대부분 개인적인 의견에 그칠 뿐이고, 또 대부분이 틀린 조언이다.

차트 읽는 법을 배워라. 차트는 여러 가지 사실들을 제시해주는 데이터다. 차트 읽는 법은 제9, 10, 11강에서 다룬다.

피해야 할 유형의 투자는 무엇인가?

—

신규 투자자가 되면 싸구려 주식, 선물, 옵션, 해외 주식 등 투기성이 가장 강한 분야는 피하라. 리스크와 변동성 때문이다. 싸구려 주식으로는 시원찮은 수익만 온다. 나라면 10달러짜리 주식 300주를 사느니 60달러짜리 주식 50주를 사겠다. 기관투자자들은 60달러짜리 주식에 수백만 달러를 투입하고, 대부분 싸구려 주식은 피할 것이다. 그리고 나중에 다루겠지만 뮤추얼 펀드, 연기금, 은행 등 대규모 기관들은 시장의 대다수 거래를 도맡고 있으며 실제로 주가를 움직인다.

당신은 실제 돈을 투자하고 있다. 매수하는 주식 수는 중요하지 않다. 가장 저렴한 기업이 아니라 가장 훌륭한 기업에 당신의 돈을 투자하라. 투자 대상으로 선택해야 할 우수한 기업은 대부분 주당 15달러에서 150달러 사이다.

투자를 시작하는 데 돈이 얼마나 드는가?

—

500~1,000달러 정도면 시작할 수 있다. 월급에서 저축한 돈을 투자 계좌에 넣으면 된다. 중요한 것은 일단 시작해서 경험을 쌓는 것이다.

가상의 포트폴리오^{paper portfolio}를 운용해보는 것은 도움이 되겠지만 시장이라는 진짜 전쟁터에서 당신의 돈으로 위험을 무릅쓰는 것과는 다르다.

어느 나이 든 트레이더가 들려준, 결투하는 상황에 놓인 명사수에 대한 이야기가 있다. 한 명사수가 자신이 권총을 아주 잘 쏜다며 100야드(약 91미터) 거리에 있는 와인 잔의 손잡이를 맞출 수 있다고 거들먹거렸다. 그의 동료는 이렇게 말했다. "그래? 그렇지만 장전된 권총이 자네 심장을 겨누고 있는 상황에서도 그렇게 할 수 있겠나?"

힘들게 번 돈으로 위험을 무릅쓰며 진짜로 압박을 느낄 때 따라오는 희망, 두려움, 흥분, 탐욕은 가상 거래로는 결코 경험할 수 없다.

주식은 몇 종목을 보유해야 하는가?
—

만일 자금이 5,000달러 이하라면 두 종목 이하로만 보유한다. 자금이 1만 달러라면 2~3종목이 적당하다. 자금이 2만5,000달러라면 3~4종목, 5만 달러라면 4~5종목, 10만 달러 이상이라면 5~6종목을 보유한다.

20종목 이상이나 보유할 이유가 전혀 없다. 종목이 많을수록 당신은 그 종목들에 대해 알아둘 필요가 있는 내용을 전부 파악하지 못한다. 또한, 당신의 전반적인 투자 성과가 희석될 것이다.

개인투자자의 경우, 각 분야에서 가장 우수한 기업 주식을 매수한다. 그런 다음에 종목 숫자를 제한한 포트폴리오에 집중하며 시장을 주의 깊게 살펴본다. 나는 폭넓은 분산투자 원리를 믿지 않는다. 즉 자금을 여러 주식이나 여러 유형의 투자 대상에 분산해서 리스크를 낮추려고 하지 않는다(자산 배분은 제19강에서 다룰 것이다).

가치 있는 투자서는 어떤 것인가?
—

시장을 처음 접한다면《인베스터스 비즈니스 데일리 주식시장 설명서the Investor's Business Daily Guide to the Markets》가 훌륭한 입문서다. 나는 개인적으로 증시 관련 도서를 2,000권 이상 소장하고 있지만, 정말 탁월한 책은 단 몇 권에 불과했다.

내가 일찍이 읽어본 다음 몇몇 도서는 도움이 되었다. 제럴드 로브의《목숨 걸고 투자하라Battle for Investment Survival》, 에드윈 르페브르의《어느 주식투자자의 회상Reminiscences of a Stock Operator》, 버나드 바루크의 자서전《나만의 이야기My Own Story》등이 그것이다.

나는 지난 수년 동안 배운 것의 많은 부분을 내 저서《최고의 주식 최적의 타이밍How to Make Money in Stocks》에 정리해두었다.

요점 정리

- 투자를 시작할 때는 적당한 증권사를 선택하는 게 중요하다. 중개인을 활용한다면, 중개인에게 괜찮은 투자 실적이 있는지 확인한다.
- 초보자는 현금 거래 계좌부터 개설하고 신용 거래 계좌는 손대지 않는다.
- 투자를 시작하는 데에는 500~1,000달러밖에 들지 않는다. 스스로 하는 경험이 가장 훌륭한 선생님이다.
- 선물, 옵션, 해외 주식처럼 변동성이 큰 유형의 투자는 피한다.
- 일부 우량 종목에 집중한다. 20개 넘는 종목을 보유할 필요는 없다.

24
Essential Lessons
for Investment
Success

당신의 감정보다
시스템을 따르라

주식시장에서 수백만 달러를 벌었다가 모두 날렸던 과거의 유명 주식투자자 제시 리버모어는 다음과 같이 말한 적이 있다. "시장에는 단 두 가지 감정밖에 없다. 바로 희망과 두려움이다. 문제는 우리가 두려워해야 할 때는 희망을 품고, 희망을 품어야 할 때는 두려워한다는 것이다."

제3강에서 윌리엄 오닐은 투자 결정 시 감정에 흔들리지 않는 방법에 대한 통찰력을 제공한다.

Lesson 3

Follow a System
Rather Than Your Emotions

'두려워'해야 할 때 오히려 '희망을 품어라'라고 한 리버모어의 말은 무슨 의미인가?

—

주식이 매수한 가격보다 8% 하락해 손실이 나면, 당신은 주가가 다시 반등하기를 바랄 것이다. 하지만 당신은 더 많은 돈을 잃을 수 있다는 것을 정말 두려워해야 한다. 그러므로 주식을 매도해 손실을 줄이는 것으로 대응해야 한다.

주가가 올라 수익이 나면 당신은 수익을 잃을 수도 있다는 두려움을 품게 된다. 그래서 당신은 너무 빨리 매도해버린다. 그러나 주가가 오르고 있다는 사실은 실제로는 강세라는 신호이며 당신이 제대로 하고 있다는 표시다.

그것은 인간의 본성과 어긋나지 않는가?

—

자기 돈이 위험에 빠져 있을 때면 누구나 감정적인 상태가 된다. 이는 주식시장에서도 마찬가지다. 하지만 시장은 당신이 누군지 모른다. 그리고 솔직히 말하자면, 당신이 무슨 생각을 하고 어떤 일이 일어나길 간절히 바라든 시장은 전혀 관심이 없다.

인간의 본성은 시장 안에 깊이 내재되어 있다. 과거에 존재했던 자존심, 어리석음, 공포, 탐욕이라는 감정은 오늘날에도 여전히 존재한다.

본능이지만 어쩌면 큰 대가를 치를 수 있는 감정적 반응은 어떻게 극복하는가?

—

내 경험에 따르면 이를 극복하는 유일한 방법은 과거 이력을 연구해 매매 규칙을 세우는 것이다. 이 규칙은 개인의 의견과 선입견이 아니라 시장이 실제로 어떻게 움직이는지를 토대로 삼아야 한다.

변호사들도 전과를 분석하고 판례를 활용하는데 당신이라고 왜 못하겠나? 과거에 대해 알면 알수록 더 많은 미래의 기회를 알아볼 수 있을 것이다.

주식시장에서 과거는 어떻게 도움이 되는가?

—

우리는 모든 탁월한 주식에 대한 모델, 즉 프로필을 1953년부터 매년 만들어 왔다. 과거 최고의 이기는 주식들의 특징, 즉 내일의 새로운 선도주를 찾아가는 과정에서 성공적인 주식을 찾아내는 비결이 무엇인지 정확하게 알게 되었다. 소위 전문가라는 사람들, 개인적인 견해, 확실하다는 비밀 정보와 소문 등 수많은 잘못된 것들에 귀를 기울이는 대신에 말이다.

주식 또는 시장의 이력 분석 또한 시장 전반에 대해 균형 있는 시각을 제공한다. 일간 및 주간의 시장 변동성은 경험이 풍부한 투자자들마저도 위협한다. 그러나 과거를 살펴보면 시장의 전반적인 상승세가 주기적으로 나타난다는 것을 알게 된다. 이 주기적 움직임이 투자자들에게 엄청난 기회를 지속적으로 준다.

그렇다면 사실 확인과 이력 연구가 성공의 열쇠인가?

—

물론 중요하다. 그러나 건전한 투자 습관을 기르고 규칙을 준수하는 것도 중요하다. 이것이 훨씬 더 어렵다. 이미 수년 동안 건전하지 못한 투자 습관을 따르던 사람들에게는 한층 더 어려울 수 있다. 이러한 취약점을 개선하는 것이 진짜 도전과제이고 개개인의 상당한 노력도 필요하다.

투자자들의 가장 나쁜 습관은 무엇인가?
—

하나는 저가주에 엄청나게 솔깃해 한다는 점이다. 2달러, 5달러, 10달러짜리를 대규모로 사서 2배의 수익을 낸다는 아이디어는 꽤 괜찮게 보인다. 문제는 저가주가 2배가 되는 것보다 당신이 복권에 당첨될 확률이 더 높다는 것이다.

주식 투자는 할인 판매하는 옷이나 자동차를 사는 것과는 다르다. 시장은 그 시점의 가치를 반영한 가격에 주식을 판매하는 경매장이나 다름없다. 그래서 싸구려 주식을 매수하면 그 가격 수준의 주식을 얻게 된다.

최근 45년간 가장 수익률이 높았던 종목들이 2~3배 이상 주가가 오르기 전의 주당 평균주가는 28달러였다. 이는 역사적 사실이다. 저가 주식은 큰 리스크를 안고 있음을 기억하라.

그러면 최소한 얼마짜리 주식이어야 하나?
—

나는 주당 15달러 이하인 주식은 사지 않는다. 지난 몇 년 동안

윌리엄 오닐의 이기는 투자

내가 진짜 큰 수익을 냈던 주식의 경우, 대부분 주당 16~100달러에 매수했다.

웃기는 소리라고? 다음 내용을 들으면 웃지 못할 것이다. 100달러짜리 주식은 주당 550달러까지 급등했다. 각 분야의 선두주자인 우량기업들의 주식은 애초에 5달러나 10달러로 발행되지 않는다. 이런 규칙에 예외가 없는 건 아니지만 대단히 드물다.

수많은 사람이 하루아침에 부자가 되고 싶어 한다. 하지만 그렇게는 될 수 없다. 성공에는 시간이 걸리고, 객관적이면서도 솔직하게 자신의 실수를 분석하는 의지가 필요하다. 그것이 뭘 하든 더욱 현명해지는 비결이다.

실수를 인정하기란 쉽지 않은데?

—

실수하기를 좋아하는 사람은 아무도 없다. 그러나 먼저 했던 행동에 대한 적절한 분석을 당신의 자존심이 방해하게 하거나 어떤 주식에 홀딱 반해서 객관성을 잃는 상황이 시장과 관련된 경우라는 건 의아한 일이다.

내가 찾아낸 매우 유용한 기법은 내가 했던 거래 전부를 사후에 분석하는 것이었다. 매년 나는 각 주식을 매매한 이유와 매매 가격대를 일간 차트에 간단히 메모했다.

그러고는 수익을 올린 경우와 손실을 낸 경우를 나눠봤다. 주가가 상승한 주식에 대해 나는 무엇을 했을까? 그 밖에 내가 무슨 실수를 했을까?

그런 다음, 나중에 동일한 실수를 예방할 몇 가지 새 규칙을 만든다. 자신이 뭘 잘못했는지 살펴보지 않는다면 결코 더 나은 투자자가 될 수 없다.

요점 정리

- 주식을 감정적으로 대하지 말라. 매매 규칙을 준수하고, 감정이 마음을 바꾸게 하지 말라.
- 주당 15달러 미만인 주식은 매수하지 말라. 각 분야 선두주자인 최고의 기업은 주당 5달러나 10달러가 될 일이 거의 없다.
- 언제나 당신의 주식시장 거래를 사후에 분석하라. 당신의 성공과 실수로부터 배울 수 있도록 말이다.

제4강

기본적 분석이냐
기술적 분석이냐

투자할 가능성이 있는 주식을 분석하는 방법은 일반적으로 두 가지로 나눌 수 있다. 바로 기본적 분석 Fundamental analysis과 기술적 분석 Technical analysis이다. 그리고 투자자들은 둘 중에 어떤 게 더 나은지를 두고 끊임없이 논쟁을 벌인다. 제4강에서 이 두 가지 방법이 왜 투자 성공에 필수적인지에 대해 다룬다.

Lesson 4

Fundamental Analysis or Technical Analysis?

기본적 분석에서 가장 중요한 것은 무엇인가?

—

기업의 수익성은 주가에 영향을 미치는 가장 중요한 요소 중 하나다. 이는 수익 개선세가 꾸준하고, 매출액 증가세를 보이면서, 될 수 있으면 강한 이익률과 높은 자기자본이익률^{ROE}을 지닌 주식을 뜻한다.

주당순이익^{EPS}(기업의 세후 총이익을 발행된 보통주 수로 나눈 값)은 성장성과 수익성을 보여주는 지표로 이용할 수 있다.

수년간의 경험과 연계해 과거에 가장 성공적이었던 주식에 대해 연구한 결과, 우리는 최고의 이기는 주식 4개 중 3개가 성장주였음을 알게 되었다. 이 주식들은 최고 수익률을 기록하기에 앞서 최근

3년간 연간 EPS 성장률이 평균 30~40% 이상 높아진 기업이었다. 그러므로 최근 3년간 연간 이익성장률이 30% 이상인 주식에 집중하라.

이것은 내가 주식을 고를 때 가장 중요한 규칙 중 하나다.

기업에 3년간의 이익 기록이 없는 경우에는 어떻게 하나?
—

일부 공모기업, 그리고 최근 8~10년 사이에 상장된 기업들은 3년간의 이익성장 수치가 없을 수도 있다. 공모기업은 3년간의 이익 기록이 없는 것으로 여겨지는 경향이 있다. 하지만 대부분의 경우 이런 기업들도 사내(社內)에 보유하고 있는 이익 데이터가 있다. 이런 정보는 기업 투자설명서에서 찾을 수 있다. 이러한 특수한 경우에 나는 해당 기업의 최근 6개 분기 이익이 전년 같은 분기 대비 상당한 규모(50% 이상)로 증가하기를 원한다.

나는 앞으로 손실이나 경상이익이 개선될 것이라는 약속에는 관심이 없다. 우리의 성공 모델 대다수는 그 종목들의 주가가 엄청나게 뛰어오르기 전에 강력하면서도 급격하게 이익이 늘어났다.

그 밖에 어떤 기본적 요소들이 중요한가?

－

매출액은 지난 몇 분기 동안 급증하고 있거나 전년 같은 분기에 비해 25% 이상 증가해야 한다. 나는 또한 최근 매출액 및 이익 증가, 이익률 및 ROE 면에서 각 세부 분야의 1위 기업을 선정하기 위해 자료를 살펴본다.

'자기자본이익률'이란 뭔가?

－

자기자본이익률ROE은 재무성과를 나타내는 지표다. 이 지표는 기업이 얼마나 효율적으로 돈을 버는지를 측정한다.

우리 연구에서 최고의 이기는 주식 대부분은 ROE가 20% 이상이었다. 다수가 최근에 새로 상장된 종목이었다. 대부분은 최대 주주가 경영권을 보유하고 있었다. 즉, 경영진이 발행 주식의 일정 비율을 보유하고 있었고, 그들은 자신의 기업의 향후 주식 수익률 덕분에 돈을 더 많이 벌어들였다.

그 밖에 기본적 요소에는 뭐가 있나?

—

기업은 우수하다고 인식되는 독특하거나 이례적인 신제품 혹은 서비스를 보유해야 한다. 당신이 투자하는 기업이 무엇을 만드는지, 무슨 일을 하는지 이해해야 한다.

해당 주식은 또한 기관의 강력한 보증sponsorship을 받아야 하며 대부분의 경우 선도적인 산업군에 포함되어 있어야 한다. 실적을 잘 내는 뮤추얼 펀드, 은행, 기타 기관투자자 중 얼마나 많은 기관 투자자가 어떤 주식을 매수했는지를 알아둔다면 당신만의 리서치 부서를 두는 것이나 다름없다. 기관들은 대체로 대형주 매수 포지션을 취하기 전에 철저하게 기본적 분석을 실시한다.

기술적 분석은 기본적 분석과 어떻게 다른가?

—

기술적 분석은 주로 차트를 이용해 주식시장 움직임을 연구한다. 차트 분석은 주가와 주식 거래량의 움직임을 주요 지표로 삼아 주식의 수요공급 현황을 확인할 수 있게 해준다.

일간 또는 주간 주가 차트를 거래량 데이터와 함께 사용해야 한다. 차트를 이용하면, 주식의 움직임이 정상적인지 비정상적인지, 누적매수accumulation(전문기관의 매수)가 있는 상태인지 아닌지,

매수 혹은 매도할 적기인지를 해당 주식의 이력에 근거한 그래픽으로 살펴볼 수 있다.

이 시스템의 역할은 미래의 주가 움직임을 예상하는 데 도움을 받을 수 있도록 믿을 만한 가격 패턴이나 기준을 파악하는 방법을 배우는 것이다(기준 패턴에 대한 자세한 내용은《최고의 주식 최적의 타이밍》의 제9, 10, 11강 참조).

왜 기본적 분석과 기술적 분석을 모두 이용하나?
—

주가 차트와 거래량 차트는 그 기업의 잠재적인 문제점이나 기회를 펀더멘털 수치의 변화보다 먼저 알려줄 수 있기 때문이다.

거래량, 즉 일간 혹은 주간 단위로 거래되는 주식의 수는 주식 수급 상황을 정확하게 해석하기 위한 중요한 힌트 중 하나다. 당신의 주식이 평소 거래량보다 더 많거나 적은 상태에서 주가가 오르내리고 있는지를 아는 것은 중요하다. 이것이 우리가 〈인베스터스 비즈니스 데일리〉의 주식 일람표에 '거래량 비율 변화' 표를 제공하는 이유다.

거래량은 대형 기관들이 당신의 주식을 매수 혹은 매도할 수 있다는 신호다. 이는 주가에 긍정적이든 부정적이든 영향을 미칠 수 있다. 향후 이 중요한 데이터가 당신을 곤경에서 구해줄지도 모른다. 그리고 최고의 기관투자자들은 매수 결정을 할 때 기본적 분석과 기술적 분석을 모두 이용한다.

요점 정리

- 기본적 투자 방식과 기술적 투자 방식의 결합은 높은 수익률을 올리는 주식을 고를 때 반드시 필요하다.
- 기본적 분석에는 여러 가지가 있는데 그중에서도 기업의 이익, 이익 증가율, 매출액, 이익률, 자기자본이익률을 봐야 한다. 이 지표들은 당신이 우량한 주식들만 다룰 수 있도록 선택 범위를 좁혀 준다.
- 기술적 분석은 주가 차트와 거래량 차트를 읽고 매매 결정의 적기를 올바로 찾는 법을 다룬다.

제5강

펀더멘털 중 첫 번째:
이익과 매출액

〈최고의 이기는 주식에 대한 45년 동
안의 연구45-Year Study of the Greatest Stock Market Winners〉에서 오닐은 이익과
매출액 성장률이 가장 중요한 두 가지 펀더멘털[2] 요소임을 알아냈다. 제
5강에서 윌리엄 오닐은 이처럼 이기는 특징을 나타내는 기업들의 실제
사례를 제시한다.

[2] '펀더멘털fundamental'은 본래 '기본적인, 기초적인'의 뜻을 지닌 형용사지만, 경제용어로는 국가나
    기업의 기본 상태를 보여주는 주요 경제지표라는 의미의 명사 '펀더멘털'이 된다. 국가의 주요 펀
    더멘털 요소에는 경제성장률, 물가상승률, 실업률 등이 있고, 기업의 주요 펀더멘털 요소에는 이
    익, 매출액, 이익 및 매출액 성장률, 자기자본이익률ROE 등이 있다-옮긴이.

Lesson 5

First Among Fundamentals:
Earnings and Sales

크게 이기는 주식은 어떻게 찾는가?

—

우리는 강한 매출액 상승과 이익이 이기는 주식의 가장 중요한 특징임을 발견했다. 이는 훌륭한 기업들이 적게는 200%에서 많게는 1,000% 이상 주가가 치솟기 전까지 매출액, 이익, 이익률 면에서 어떤 모습을 보였는지 살펴보면 명확해진다.

분기 매출액과 이익이 전년 같은 분기에 비해 급증했는지를 찾아보라. 또한, 가장 최근 분기의 분기 이익 증가율이 가속화되었는지도 살펴보라.

몇 가지 사례를 들어준다면?

—

기업공개 후 6개월이 지난 1986년 10월, 마이크로소프트^{Microsoft}의 최근 분기 매출액은 68%, 이익은 75% 증가했다. 해당 분기의 이익 증가는 7회 연속이었다.

기업공개 이후 6개월이 지난 1982년 3월, 홈디포^{Home Depot}의 이익은 직전 분기보다 140% 증가했다. 최근 3개 분기 매출액은 104%, 158%, 191%로 계속 증가했는데, 최근 9개 분기 평균 매출액 증가율은 177%였다.

1990년 시스코 시스템즈^{Cisco Systems}의 이익은 최근 9개 분기 동안 150%에서 1,100%로 급증했는데, 9개 분기 평균 이익 증가율은 443%였다.

1981년 4월에 내가 프라이스사^{Price Co.}를 매수했을 때, 프라이스는 14개 분기 동안 엄청난 매출액과 이익 증가세를 나타냈다.

이상의 사례는 최고의 이기는 주식 뒤에 숨어 있는 펀더멘털인 매출액 창출력과 이익 창출력을 소개할 때 이야기하는 것들이다. 이 주식들은 모두 이런 매출액과 이익 수치를 기록한 뒤 어마어마한 수익률을 올렸다.

분기별 매출액과 이익 외에 더 찾아봐야 하는 펀더멘털이 있는가?

—

장기적 지표인 연간 이익 증가율도 살펴보라. 마이크로소프트의 연간 이익 증가율은 1986년 나스닥 상장 시점에는 99%였고, 시스코 시스템즈의 연간 이익 증가율은 1990년에 57%였다. 프라이스 사의 연간 이익 증가율은 90%나 되었다.

또한 선도기업들은 두드러진 자기자본이익률ROE과 상당한 세전 이익률을 기록했다. 마이크로소프트, 홈디포, 시스코 시스템즈의 ROE는 각각 40%, 28%, 36%였으며, 마이크로소프트와 시스코 시스템즈 모두 세전 이익률이 33%에 이르렀다.

이 모두는 1990년대에 이 기업들의 주가가 최고로 높이 치솟기 전에 일어났다. 내 경험에 의한 법칙은 다음과 같다. 연간 이익 성장률이 30% 이상이거나 ROE가 17% 이상인 주식을 찾아라.

이런 수치는 어디에서 찾는가?

—

수년 전 주식 거래 중개와 리서치 자료를 제공하는 우리 회사는 데이터베이스에 중점을 둔 단독 등급 시스템을 개발했다. 장기간의 이익 성과를 평가할 때 기관투자자 고객들에게 도움이 되는 등급 시스템이다.

　주당순이익EPS 등급의 경우, 각 기업의 최근 2개 분기 EPS 성장률과 3~5년 연평균 성장률을 결합했다. 그리고 상대적인 이익 등급을 보여주기 위해 각 기업을 나머지 전체 상장기업과 비교한다.

　1에서 99까지의 등급으로 나누는데, EPS 등급이 99인 기업은 실적 증가율 면에서 전체 기업 중 상위 1% 안에 든다. 마이크로소프트와 시스코 시스템즈는 모두 주가가 엄청나게 뛰기 전에 EPS 등급이 99였다.

그런 기업들의 주가 상승률은 얼마나 높았나?
－

마이크로소프트는 상장 시기인 1986년 이후 단 30주 만에 266% 올랐다. 홈디포는 1982년 이후 2년에 걸쳐 11개월 만에 912% 상승했다. 시스코 시스템즈와 프라이스사는 각각 1990년 이후 2000%, 1982년 이후 750% 뛰었다.

그 밖에 더 살펴볼 것이 있다면?
－

나의 마지막 권고가 가장 중요하다. 이를 이해하면서 실천할 용기도 있는 사람이라면 차세대 마이크로소프트를 찾아내 큰돈을 벌 수 있을 것이다.

내가 언급했던 모든 주식의 중요한 주가 상승은 주가가 전혀 오르지 않는 조정 및 기준 패턴이 형성된 기간 이후에 일어났다.

이러한 차트 기준 패턴은 전체 시장 평균의 하락이나 조정 때문에 거의 언제나 명확하게 형성되었다. 각각의 경우, 시장이 마침내 방향을 전환하면, 명확하게 '반등 지속 지점follow-through'이 나타난다. 그리고 새로운 상승세가 시작되면, 이런 선도기업들이 시장에서 신고가에 가장 먼저 도달하는 주식이 된다.

1990년 10월, 주식시장이 방향을 틀자마자 시스코 시스템즈는 단 일주일 만에 22달러에서 29달러로 7달러나 상승하는 등 선도하는 모습을 보이면서 신고가를 기록한 주식 중 하나였다.

당신은 약세장이나 조정을 대다수 사람과 다른 방식으로 보는 것 같다
—

나는 약세장이나 조정이 오면 이를 엄청난 기회라고 생각한다. 미래의 모든 유망 선도기업들은 기준 패턴을 형성하고 나면 재빨리 반등할 것이기 때문이다. 내일이든 3개월이 지난 다음이든 간에, 주식시장은 결국 조정에서 벗어난다. 나는 이런 시기를 절대로 놓치고 싶지 않다.

요점 정리

- 큰돈을 벌기 위해서는 가장 우수한 기업을 적기에 매수해야 한다.
- 두드러진 매출액과 이익은 이기는 주식의 가장 중요한 특징 중 하나다.
- 분기별 이익이 두드러지면서 계속 증가하는 주식을 찾아라. 또한 그런 기업의 연간 이익 성장률은 30% 이상이다. 주당순이익EPS 등급은 당신의 주식이 나머지 다른 주식과 비교해 어떤지를 보여준다.
- 자기자본이익률ROE이 17% 이상인 주식을 찾아라.
- 주가가 바닥을 다진 후 반등에 나서는 주식을 매수하는 것은 대규모 수익을 얻는 데 대단히 중요하다.

제6강

상대적 주가 강도:
중요한 기술적 분석 도구

상대적 주가 강도는 헷갈리긴 하지만 투자자들에게 상당히 유용한 지표이다. 제6강에서 윌리엄 오닐은 상대적 주가 강도에 대해 자세히 설명한다. 상대적 주가 강도를 활용하는 방법을 알려주면서 많은 투자자가 잘못 알고 있는 내용도 깔끔하게 풀어준다.

Lesson 6

Relative Price Strength:
A Key Technical Tools

한 주식의 성과가 다른 종목들과 비교해 어떤지에 대해 왜 그렇게 신경 쓰는가? 뛰어난 기업을 찾을 때 탁월한 매출액 과 이익에만 집중하면 안 되나?

—

상대적 주가 강도Relative price strength란, 시장이 주식에 어떤 가치를 부여하는지 나타내는 중요한 기술적 지표 가운데 하나다. 한 주식의 가격은 시장 및 다른 주식들과 어떻게 상호작용할까? 우리는 어느 주식의 1년 전 주가와 오늘의 주가를 나란히 놓고 상대적주가 강도 등급을 계산해보았다. 해당 주식의 등락률 변화를 계산한 다음, 같은 기간 동안 시장 전체 주식의 등락률 변화와 비교했다. 주당순이익EPS 등급 비교 때와 마찬가지로, 계산 결과는 1에서 99까지의 등급으로 표시되며 99가 가장 높은 수치다.

1953년 이후 이기는 주식에 대해 우리가 연구해 본 결과, 엄청난 상승이 시작될 무렵에 이 대박 주식들superperformers의 상대적 주가 강도 평균 등급은 87이었다. 이것은 이 주식들이 전년도에 나머지 다른 주식들에 비해 87%나 높은 상승률을 기록했다는 뜻이다. 〈인베스터스 비즈니스 데일리〉의 주식 일람표에서는 주식별로 업데이트된 상대적 주가 강도 등급을 제공한다(거래일 기준).

주식을 고를 때 상대적 주가 강도는 어떻게 활용하나?
—

주식을 고를 때 상대적 주가 강도 등급이 80 이상인 주식으로만 제한한 다음, 그중에서 상승률 상위 20%에 드는 기업을 선택하기를 권한다. 진정한 선도주들은 상대적 주가 강도 등급이 아마도 85 이상일 것이다. 상대적 주가 강도 등급은 당신의 전반적인 투자 성과를 억누르게 될 소외된 기업이나 평범한 수익률을 내는 수많은 기업을 걸러내는 데 도움이 된다.

나는 상대적 주가 강도 등급이 70 이하인 시원찮은 주식을 매수하거나 보유하면서 시장과 싸우려 하지 않는다.

상대적 주가 강도 등급을 활용하는 것뿐만 아니라, 상대적 주가 강도 추세선(대부분의 차트 서비스에서 이용 가능)을 확인하는 것도 익숙해져야 한다. 이 선은 주식별 주가 이력(주가 추세선) 아래에 나온다.

당신이 두세 종목 중 골라서 매수하려고 한다면, 차트의 상대적 주가 강도 추세선 각도 기울기가 가장 높은 쪽을 권하겠다. 최근 6~12개월 동안 상대적 주가 강도 추세선이 하락하는 주식은 절대 매수하면 안 된다. 차트 읽는 방법은 제9, 10, 11강에서 자세히 설명하겠다.

사람들과 마찬가지로, 주식의 특징은 그 주식을 발행하는 기업을 통해 알 수 있다. 동일한 산업군 내에는 두드러진 주가 움직임(높은 상대적 주가 강도 등급)을 보이는 주식이 적어도 하나는 더 있어야 한다. 〈인베스터스 비즈니스 데일리〉는 또 '산업군 상대적 강도 등급Industry Group Relative Strength Rating'도 제공한다. 이것은 산업군의 주가 움직임을 바탕으로 196개 산업에 대해 어떤 주식군이 얼마나 강세를 보이는지에 대한 아이디어를 제공한다. 만약 당신이 그 산업군에서 두드러진 다른 종목을 찾을 수 없거나, 어느 업종이 전체적으로 성과가 부진하다면 선택 자체를 다시 생각해야 할 것이다. 대체로 선도적인 산업군 내에서 매수해야 수익을 올릴 수 있다.

주식의 상대적 주가 강도 등급은 매도 결정을 할 때 도움이 될 수 있는가?

—

상대적 주가 등급은 보유 주식 5~6개 중 어느 종목이 진정한 선도주인지 파악할 수 있는 좋은 방법이다. 월별 또는 분기별로 해당 기간의 주가 변동률을 바탕으로 당신이 보유한 주식의 순위를 매겨보라. 일단 뭔가 매도를 하기로 했으면, 보통은 최악의 실적을 기록한 주식을 먼저 매도해서 화단의 잡초를 뽑아내는 게 올바른 결정이다. 또한, 전체 시장이 일제히 급락하는 날에도 추세를 거슬러 이례적인 수준으로 주가가 상승하는 종목들도 주목하자.

상대적 주가 강도 등급이 높은 주식이 매수 후 바로 하락하면 어떻게 하는가? 해당 선도주들에 대한 기존 판단을 유지해야 하지 않나?

—

매수한 주식의 주가가 하락할 경우, 추가 매수하지 말라. 이 책의 제1강에서 이야기했다시피 스스로를 보호하기 위해서 당신이 매수한 가격의 8% 이하로 떨어지는 주식은 매도하라. 이것이 1번 규칙이었다. 평균 단가를 낮추려고 주가가 하락했을 때 추가 매수하는 행동은 위험하다. 때때로 그런 상황에서 빠져나갈 수도 있겠지만, 장기적으로 볼 때 개인투자자들이 잘못을 저지른 후에 자금을 더 투입하는 것은 언제나 위험한 시도다.

주가가 50달러로 하락했을 때 주식을 매수했다가 45달러에 추가 매수했다면, 40달러까지 내려갔다가 그런 다음 35달러로 더 밀려나면 어떻게 할 것인가? 주가가 반등하지 않는다면 어쩌나? 주가 상승에 따라 조심스럽게 평균 매수단가를 올리는 게 훨씬 현명하다. 자금 투입은 이런 식으로 해야 한다. 주가 움직임이 주춤해진 주식에 추가 매수를 하는 게 아니다.

어떤 주식이 몇 개월 동안 상대적 주가 강도 등급 80대 또는 90대를 유지하고 있다가 그 주식의 등급이 처음으로 70 아래로 떨어지는 시기는 절대로 추가 매수할 때가 아니다. 당신의 매매 포지션을 재평가하고 매도를 고려할 만한 시점이다.

요점 정리

- 상대적 주가 강도는 시장이 특정 주식에 어떤 가치를 부여하는지 나타내는 중요한 기술적 지표 중 하나다.
- 상대적 주가 강도 등급이 80 이하인 주식은 피하라. 주식을 선택할 때는 언제나 등급이 높은 것을 골라라.
- 주식의 상대적 강도 등급이 하락하면 추가 매수하지 말라. 그 주식이 매수 가격의 8% 이하로 하락하면 해당 주식을 모두 매도하라. 이 원칙을 지키면 큰 손실에서 자기 자신을 보호할 수 있다.

24
Essential Lessons
for Investment
Success

제7강

보유하고 있는 기업의
주식을 이해하라

사람들과 마찬가지로 주식도 집단적으로 움직이는 경향이 있다. 제7강에서 윌리엄 오닐은 산업군과 섹터 sector의 중요성, 그리고 어떤 산업군이 시장을 선도하는지 알 수 있는 방법을 설명한다.

Lesson 7

Know a Stock
by the Company It Keeps

왜 선도적인 산업이나 섹터에 속한 주식을 선택하는 것이 중요한가?

—

섹터sector는 산업군보다 훨씬 범위가 넓다. 예를 들어, 소비자 섹터는 소매업, 자동차, 가전제품 등 수많은 광범위한 산업으로 이루어진다. 1953년 이후 실제 시장 선도주였던 개별 주식들 대다수는 당시 선도적인 산업군이나 섹터에 속했다.

예를 들어 마이크로소프트가 두드러지게 이기는 주식이었던 몇 년 동안 피플소프트(컴퓨터 소프트웨어 업종)도 그랬고, 델이 월등한 성과를 낼 때는 컴팩(컴퓨터 하드웨어 업종)도 그랬다. 홈디포가 1997년 2분기에 우월한 성과를 올릴 때는 월마트와 갭The Gap도 마찬가지였는데, 이 세 업체는 모두 소매 산업군이었다. 비슷한 시기에 셰링-프라우Schering-Plough와 브리스톨-마이어스 스큅Bristol-Myers Squibb이 선도주로 급등했는데, 이때 워너 램버트Warner Lambert와 화이자Pfizer도 마찬가지로 주가가 뛰었다. 모두 제약 업종이었다. 주식은 산업군이나 섹터로 움직이는 경향이 뚜렷하다. 나는 주식을 매수할 때 언제나 나란히 강세를 보이는 동일한 산업군 내 다른 주식을 하나 이상 살펴본다.

특정 시기에 가장 강세인 특정 산업군 외에도, 살펴보아야 할 다음과 같은 중요한 섹터 움직임이 있다. 대형 기관들이 주로 대형 우량 성장주에 투자하고 있는가, 아니면 변동성이 크고 업력이 길지 않은 소형주에 투자하고 있는가?

1997년 말, 시장은 중소형주에서 유동성이 풍부한 대형 자본 주식으로 갈아탔다. 대형주이면서 본업에서 자리를 잘 잡은 종목일수록 유동 주식 수가 많은데, 이런 주식은 투자 매니저들이 매수·매도하기 한층 수월하다. 대규모 자금이 흘러 다니는 곳에 투자하는 게 좋다. 매일 〈인베스터스 비즈니스 데일리〉의 '산업군Industry Groups' 페이지에 게재되는 '대형주 성장 펀드 vs. 소형주 성장 펀드Big-Cap Growth Funds vs. Small-Cap Growth Funds'라는 제목의 차트를 추적해 보면, 시장이 소형주에서 대형주로 갈아타는 시기를 포착할 수 있다.

선도업종의 변화는 어떻게 찾아내는가?
—

당신이 할 수 있는 일이 있다. 일단 꾸준한 매출액 및 이익 증가, 강한 수익성이라는 펀더멘털 기준치에 모두 부합하는 종목을 찾았으며, 그 시기도 기술적 분석 측면에서 적당하다면, 해당 산업군의 강도를 살펴보자. 〈인베스터스 비즈니스 데일리〉는 각 산업군별 상대적 주가 성과에 따라 순위를 매긴 197개 산업군 목록을 보유하고 있다. 최근 6개월간 각 산업군 주식에 모두 적용한 것이다.

산업군 목록은 포괄적이다. 그냥 컴퓨터 산업 하나만 보여주지 않고 그 산업의 특정 하위 산업군을 전부 나타내고 있다. 소프트웨어 산업은 데스크톱, 금융, 의료 등 6개 하위 산업군으로 나뉜다. 특정 산업에 대해 훨씬 더 잘 정의되고 집중된 시각을 얻을 수 있다.

이것은 왜 가치가 있나?
—

어떤 산업의 가장 괜찮은 하위 산업을 찾아야 하기 때문이다. 아마도 컴퓨터 서비스 산업이 선도 산업이고 컴퓨터 그래픽 산업은 소외 산업일 것이다. 197개 산업군 중 상위 20%가 대체로 가장 좋으며 하위 20%는 피할 것을 권한다. 〈인베스터스 비즈니스 데일리〉의 주요 주식 일람표에는 해당 주식의 산업군 상대 강도 등급이 들어 있다. A(가장 좋은 등급)에서 E까지 등급으로 분류되어 있다. A와 B 등급 주식이 선호된다. 현재 시장에서 이런 상세한 정보를 제공하는 다른 출판물은 없다.

둘째로, 시장의 선도 산업군을 찾기가 훨씬 더 좋은 곳은 〈인베스터스 비즈니스 데일리〉의 '52주 신고가 및 신저가' 코너(신고가 목록)다.

이 코너는 신고가 형성 종목을 가장 많이 보유한 섹터들로 이루어져 있다. 수많은 종목이 신고가를 경신하는 긍정적인 시장에 당신이 진입해 있다면, 이 목록의 상위 5~6개 섹터가 당신의 주도 섹터가 되어야 할 것이다. 나는 이 목록을 매일매일 확인하고 있고, 언제나 상위 산업군이 뭔지 알고 있다. 그리고 이 목록의 상위 부분에 새로운 산업군이 나타나면 바로 알 수 있다. 이 목록을 이용하면 대다수 투자자의 성과가 적어도 10%에서 20%는 호전될 것이다.

소매업 부문은 1998년 초반 몇 년 만에 처음으로 상위권에 등장했다. 어떤 시기에 한 섹터에서 신고가를 형성한 종목이 30~40개씩 등장했다면, 그것은 무시할 수 없는 강력한 단서다.

'신고가 종목을 가장 많이 보유한 산업군'이라는 제목을 달고 있는 〈인베스터스 비즈니스 데일리〉의 또 다른 특별목록도 유익한 단서를 제공한다. 그것은 '산업군' 페이지의 '52주 신고가 및 신저가' 코너(신고가 목록) 아래에 있는 다소 작은 네모 칸에 있다.

역사적으로, 제약 및 의료, 컴퓨터, 통신 기술, 소프트웨어, 전문 소매업, 레저 및 엔터테인먼트 산업군은 다른 대다수 산업군보다 이기는 주식을 더 많이 배출했다. 큰 그림을 고려하는 것은 중요하다. 우리는 냉전에서 승리했다. 미국은 기본적으로 거대한 소비 국가이며, 우리는 정보, 첨단기술, 훌륭한 인터넷 신세계의 선도자다. 미국의 베이비붐 세대 인구가 고령화될수록 투자, 여가, 의약품이 더욱 중요해지는 시기다.

또한 자동차, 철강, 알루미늄, 기계, 항공, 철도, 구리, 건설 산업은 각 산업이 호황기에 들어서면 단기간에 상승할 수 있는 경기변동형 산업cyclical industries이라는 것을 이해하는 것도 중요하다. 아울러 대다수 첨단기술 산업 주식은 대다수 소비재 산업 주식보다 변동성이 2배나 크다. 그러므로 첨단기술주는 잠재적 수익률뿐 아니라 리스크도 더 크다.

시장 섹터 움직임에 대한 세 번째, 네 번째 주요 단서는 〈인베스터스 비즈니스 데일리〉의 '종합 시장&섹터' 페이지에서 상대적 주가 강도 순서로 나열된 '섹터 차트'와 조그만 네모 칸의 '시장 섹터 지수'에서 찾을 수 있다. 두 가지 모두 진짜 선도 섹터가 어디인지에 대해 괜찮은 힌트를 제공할 것이다.

각 산업군을 이루는 업종과 주식의 전체 목록은 〈인베스터스 비즈니스 데일리〉와는 별도로 이용할 수 있다. 산업군과 티커 기호

(미국 증시에서 쓰는 상장 종목의 약어. 예를 들어 애플의 티커 기호는 'AAPL' 임-옮긴이) 목록은 1년에 두 번 업데이트된다.

요점 정리

- 언제나 선도 산업군이나 섹터에서 주식을 선택하라. 과거 시장 선도주의 대다수는 상위 산업군 및 섹터에 있었다.
- 크게 이기는 주식의 다수는 제약 및 의료, 컴퓨터, 통신 기술, 소프트웨어, 전문 소매업, 레저 및 엔터테인먼트 등의 섹터에서 나온다.
- 산업군 상대적 강도 등급은 상위 산업에서 주식을 파악할 때 도움이 될 수 있다.

거래량과
기관 보증의 중요성

시장에서 가장 거래량이 많은 참여자는 뮤추얼 펀드와 대형 기관이다. 제8강에서 윌리엄 오닐은 이런 기관들이 시장에 어떻게 영향을 미치고, 무슨 주식을 거래하는지를 개인투자자들이 추적할 수 있는 방법을 알려준다.

Lesson 8

The Importance of
Volume and Sponsorship

거래량이란 무엇이며 왜 중요한가?

—

수요와 공급의 법칙은 시장 도처에 존재한다. 주가도 마찬가지다. 주가는 절대로 우연히 상승하지 않는다. 틀림없이 대규모 매수 수요가 있다. 이런 수요의 대다수는 기관투자자에게서 나오는데, 우량한 선도주 매수세의 75% 이상은 기관투자자들이 차지한다. 당신이 주식을 고를 때 수요를 측정하려면 일간 또는 주간 거래량을 보면 된다.

거래량은 매일 거래되는 실제 주식 수를 말하며, 대다수 일간 신문에서 찾아볼 수 있다. 그러나 대규모 매매량을 살펴보려고 매일 이런 정보를 확인하는 게 아니라면, 이런 기사는 별로 도움이 되지 않는다.

〈인베스터스 비즈니스 데일리〉는 매일 모든 주식의 '거래량 비율 변화도'를 제공한다. 주식 일람표에 나오는 이 측정치는 지난 50거래일 동안 모든 주식의 일 평균 거래량을 나타내고, 전날 평균 거래량이 평균치보다 얼마나 등락했는지 보여준다. 예를 들어, 〈인베스터스 비즈니스 데일리〉 주식 일람표에서 거래량 비율 변화도가 '+356'인 주식은 전날 주식 거래량이 지난 50일 동안의 일 평균 거래량보다 356%나 더 많았음을 나타낸다. 〈인베스터스 비즈니스 데일리〉는 아울러 거래량 증가율이 가장 높은 주식들을 별도로 취합한 목록도 매일 제공한다. '대규모 자금 동향Where the Big Money's Flowing' 목록은 뉴욕 증권 거래소NYSE와 나스닥에서 나오는 목록보다 하루 먼저 나온다.

대형 기관들이 주식을 매수할 경우, 〈인베스터스 비즈니스 데일리〉 주식 일람표의 '거래량 비율 변화도' 코너나 NYSE, 나스닥이 개장할 때 제공되는 '대규모 자금 동향' 목록에 그 내용이 반드시 표시된다. 이러한 매수 규모가 얼마나 큰 것이냐면, 만약 10억 달러의 자산을 보유한 어느 한 펀드가 어떤 종목을 신규로 2% 취득하려고 하는데 금액으로 2,000만 달러를 투자해야 한다고 치자. 그럴 경우 주당 40달러에 매도되는 주식이 50만 주나 되는 것이다. 펀드 자금이 움직이는 것은 코끼리가 욕조에 뛰어드는 것과 비슷하다. 그들은 그야말로 덩치가 너무 커서 욕조의 물이 사방으로 튀고 넘친다. 〈인베스터스 비즈니스 데일리〉는 기관이라는 코끼리의 움직임을 쉽게 살펴볼 수 있게 해준다.

거래량이라는 게 엄청난데, 매수 중인지 매도 중인지는 어떻게 알 수 있나?

—

〈인베스터스 비즈니스 데일리〉에는 주식의 매수 또는 매도 여부 확인에 상당히 유용할 수 있는 독자적인 측정 수단이 있다. 바로 '누적매수/누적매도 등급the Accumulation/Distribution Rating'이다. 이것으로 매일 모든 주식을 살펴볼 수 있다. 누적매수/누적매도 등급은 어떤 주식의 지난 13주 동안의 거래량을 파악해 누적매수(기관 매수) 또는 누적매도(기관 매도) 여부를 나타낸다. A~E 등급으로 제공되는데, A 또는 B 등급은 주식을 매수하고 있다는 의미다. D 또는 E 등급은 주식을 매도하는 중이므로 당분간 피해야 한다. C 등급은 매수와 매도가 비슷한 상태임을 나타낸다.

기관 보증이란 무엇인가?

—

기관 보증sponsorship은 대형 기관투자자들이 해당 주식을 매수하고 있다는 의미다. 주가가 크게 오를 만한 주식을 진짜로 매수하고 싶다면 다음을 명심하라. 그것은 바로, 양호한 성과를 올리는 기관 투자자 한두 군데 이상이 최근에 신규 취득한 종목을 선택하는 것이다. 내가 연구한 바에 의하면, 가장 중요한 종목은 최근 분기에 해당 기관이 새로 매입한 종목이다. 그다음으로 중요한 종목은 기존에 매수했던 종목을 대규모로 추가 취득한 것이다.

어디가 성과 좋은 기관이고, 그들이 매매하는 종목이 무엇인지는 어떻게 알 수 있나?

〈인베스터스 비즈니스 데일리〉의 뮤추얼 펀드 코너를 확인하면 된다. 해당 코너는 지난 3년 동안 최고 실적을 올린 모든 펀드에 대해 유용한 정보를 제공한다. 우리의 독자적인 등급 중 하나인 '36개월 성과 등급'은 종류와 무관하게 모든 펀드를 비교해 등급 척도에 따라 펀드에 등급을 매긴다. A+ 등급 펀드는 전체 펀드 가운데 상위 5% 안에 든다. A 등급은 상위 10%, A- 등급은 상위 15%, B+ 등급은 상위 20% 안에 든다. 이것은 당신이 최고 실적을 올리는 펀드를 파악하는 열쇠다.

이 코너에는 양호한 실적을 올리는 펀드에 대한 기타 주요 데이터가 가득한 목록도 있다. 예를 들면 어떤 펀드의 보유 규모 상위 10개 종목(금액 기준), 신규 취득 종목(종목명 옆에 'N'으로 표시), 펀드가 추가 취득했거나 축소한 주식(종목명 옆에 '+' 또는 '-'로 표시) 등이다. 실적이 양호한 펀드의 보유 규모 상위 10개 종목은 일반적으로 소규모 보유 종목들보다 훨씬 의미가 있다.

최근 발표 기간 매수 금액이 큰 순서대로 한 펀드에서 신규 매입한 상위 10개 종목도 제시된다. 나는 신규 매입한 상위 3~4개 종목에 특히 관심이 있다. 실적이 가장 좋은 펀드가 무엇을 가장 많이 매수했느냐는 당신이 어디에 가장 확신을 두어야 하는지를 알려준다. 매일 살펴볼 경우, 다른 몇몇 펀드들이 어떤 종목을 신규 취득하거나 혹은 당신이 관심을 두었을 수 있는 종목을 매도할 때 이를 알게 될 것이다.

예를 들어, 1998년 8월 24일 〈인베스터스 비즈니스 데일리〉의 뮤추얼 펀드 코너를 살펴보자. 그해 6월 30일 기준으로, 〈인베스터스 비즈니스 데일리〉 실적 등급이 A+인 'MAS 펀드 미드캡 그로스MAS Funds Mid Cap Growth'는 컴플리트 비즈니스 솔루션즈, 어드밴스드 파이버 커뮤니케이션즈, 시에나, 프랭클린 리소시스, 피플소프트, 달러트리를 대량으로 매도하고 있는 것으로 나타났다. 만일 그 당시에 당신이 이 주식 가운데 하나를 보유하고 있었다면, 이는 당신이 알아둘 만한 중요한 정보일 수도 있었다.

그런데 펀드가 2개월 전에 시행한 매수가 왜 지금 의미가 있나?

—

대다수 펀드는 특정 기간이 지나면 약 5~6주 후에 분기별 또는 반기별로 종목 보유 현황을 공시한다. 많은 사람이 이게 너무 늦게 공시되어 가치가 없다고 여기는데, 그렇지 않다.

매수하기에 너무 늦었는지는 어떻게 아는가?

—

최근에 실적 상위 펀드가 매수했다고 언급한 주식은 일간 또는 주간 차트에서 항상 확인하라. 이 주식들은 정상적인 차트나 매수 구간에 있는가? 제9강에서 그런 종목을 어떻게 파악하는지 알려줄 것이다. 아니면 그런 주식들이 최근의 적정 저점 가격대보다 너무 높은 가격으로 치솟아서 매수하기에는 너무 리스크가 커졌는가? 매수 시점 잡는 법이 궁금할 텐데, 실적 상위 펀드가 최근에 사들인 주식을 매수할 때 가장 좋은 시점을 포착하는 방법을 알려주겠다.

어떤 사람들은 어느 펀드가 어떤 주식을 보유하기 전에 해당 주식을 매수해야 한다고 생각하는데, 이들은 자기들이 이 주식을 먼저 발견한 다음에 그 펀드가 해당 주식의 주가를 올려주기를 바란다. 이는 근시안적이다. 오늘날 기관투자자는 수천 곳에 이르며, 투자 재원으로 수십억 달러를 보유한 기관도 많다. 맞든 틀리든, 주가가 지속적으로 상승하려면 기관투자자들이 계속해서 매수해야 한다. 그러므로 적어도 성과가 양호한 몇몇 뮤추얼 펀드가 최근에 신규 취득하는 주식을 사들여야 한다.

정기적으로 〈인베스터스 비즈니스 데일리〉의 뮤추얼 펀드 코너를 살펴보면, 최고의 전문가들이 매수하고 매수하지 않는 주식의 종류에 대해 배우게 된다. 전문가들은 싸구려 주식을 매수하지 않는다. 더 정확히 이야기하자면, 그들의 대량 매수를 감당할 수 있는 우량한 기업들을 사들인다. 그들이 가장 많은 자금을 투입하는 업종과 그들이 투자를 철회하는 분야도 살펴볼 수 있다. 지난 몇 분기 동안 어떤 주식을 매수한 펀드의 전체 수가 꾸준히 늘어났는지를 파악하는 건 현명한 행동이다.

내 종목이 기관투자자들로부터 보증을 받았는지는 어떻게 알 수 있나?

—

〈인베스터스 비즈니스 데일리〉의 독자적인 등급 중 하나로 '보증 등급Sponsorship Rating'이 있다. 매주 화요일 주식 일람표에 표시된다. 각 주식의 보증 등급은 A~E로 평가되는데, A 또는 B 등급은 실적이 양호한 펀드가 해당 주식을 보유하고 있다는 뜻이다. 최근 분기에 해당 주식을 보유한 펀드의 수가 늘어나고 있다는 의미이기도 하다. 이 두 가지 의미는 동시에 적용될 수도 있고, 둘 중 하나만 뜻할 수도 있다.

요점 정리

- 거래량은 실제로 거래된 주식 수를 의미한다.
- 주식은 절대로 우연히 상승하지 않는다. 대개 뮤추얼 펀드와 연기금 등 대형 투자자들의 대규모 매수가 있어야 한다.
- 〈인베스터스 비즈니스 데일리〉의 '거래량 비율 동향' 코너는 전체 주식의 최근 50거래일 동안 하루 평균 거래량을 파악해 평균치에 비해 거래량이 얼마나 높거나 낮은지를 보여준다.
- 대형 기관투자자가 주식을 매수하는지 매도하는지 여부를 확인하려면 누적매수/누적매도 등급을 활용하라.
- 최고의 뮤추얼 펀드가 어떤 주식을 매수하고 매도하는지 아는 게 중요하다. 보증 등급은 당신의 종목에 우량한 기관투자자의 보증이 있는지 여부를 파악할 수 있게 해준다.

제9강

적절한 시점에
매수하는 법

주식을 살펴볼 때는 기술적으로 어떤
성과를 내고 있는지 차트를 꼼꼼히 들여다보는 게 중요하다. 제9강에서
윌리엄 오닐은 차트 읽기의 기초를 설명하고 당신에게 '손잡이 달린 컵'
이라는 핵심 패턴 한 가지를 소개한다.

Lesson 9

How to Buy
at just the Right Moment

펀더멘털이 탄탄하다는 전제하에 주식은 언제 매수하는 게 좋은가?

—

'물 들어올 때 노 젓는다timing is everything'라는 말을 다들 들어봤을 것이다. 인생에서도 그렇지만 이는 주식시장에서도 마찬가지다. 주식을 사들이거나 팔아치울 최적의 시점을 파악하는 건 누구나 배울 수 있고 배워야 할 가치 있는 기술이다. 다음 세 번의 수업(제9~11강)에 걸쳐서 주식의 일일 또는 주간 차트 읽는 방법을 알려줄 예정이다. 이 차트는 일정 기간 동안 주식의 가격과 거래량이 어떻게 변화하는지, 그리고 그 주식의 향후 실적에 대한 실마리를 어떻게 제공해줄 수 있는지 시각 자료로 보여줄 것이다.

투자자에게 차트 보는 법은 필수적이다. 주식이 시장에서 어떻게 움직이는지에 대한 중요한 정보를 전달하기 때문이다. 펀더멘털에만 집중하면 놓치게 될 정보 말이다. 차트는 주가 추이와 거래량 움직임을 시각 자료로 나타낸 것이다. 이것은 주식의 최근 이력과 관련된 현재 움직임을 확인할 수 있게 해준다.

주가 흐름 차트를 보면, 세로형 막대는 세 가지 변수와 관련된 일일(또는 주간) 주가 움직임을 나타낸다. 막대의 상단은 그날 해당 주식의 최고 거래 가격(일일 최고가)을 나타낸다. 막대 하단은 그날의 최저 가격(일일 최저가)을 표시한다. 십자 형태의 가로 사선은 해당 기간 동안 그 주식의 매일매일의 종가(그날 마지막으로 거래된 가격-옮긴이)를 연결해 보여준다. 차트의 맨 밑에는 동일한 기간 동안의 일일 또는 주간 거래량이 그래픽으로 그려져 있다.

그런데 이 모든 막대와 사선은 어떻게 이해하나?

제8강에서 거래량의 중요성에 대해 이야기한 바 있다. 이제 거래량과 주가를 연계해보자. 주가 상승 전 하루나 일주일 전부터 급증한 거래량은 차트에서 쉽게 파악되는 구조적인 신호다. 이것은 일반적으로 해당 주식에 대한 누적매수accumulation(전문기관 매수 professional buying)를 나타낸다. 주가가 하락할수록 늘어나는 거래량

윌리엄 오닐의 이기는 투자

은 잠재적인 골칫거리[즉, 누적매도^{distribution}(전문기관 매도^{professional selling})]를 뜻하는 신호다.

반대로 가격이 하락하고 있지만 거래량도 크게 줄어들고 있다면 별로 걱정할 필요는 없다. 거래량 감소는 해당 주식이 매물로 잔뜩 쏟아져 나오지 않았음을 의미하기 때문이다. 그러나 대다수 일이란 게 그렇지만 이것도 그렇게 단순한 것만은 아니다. 다음 제10강에서는 이런 일반적인 사안들이 아닌 예외 사항을 살펴볼 것이다. 나는 기술적 분석 지표와 기본적 분석 지표를 모두 활용한다. 기술적 분석 측면의 차트 신호는 기본적 분석 측면에서 대중적 혹은 전문적으로 알려진 변수에 선행할 수 있기 때문이다. 주요 종목들이 최고가를 기록할 때는 특히 더 그렇다. 어떤 종목들은 현재 이익과 추정 이익이 훌륭해 보이는 시점에 최고가까지 오르기도 한다.

〈최고의 이기는 주식에 대한 45년 동안의 연구〉에서는 펀더멘털 수치 검토와 더불어, 뛰어난 종목 모두에 대한 차트를 연구해 가격, 거래량 움직임, 패턴의 기술적 지표를 집중 분석했다. 우리가 공통적으로 발견한 것은 주가 통합 구간 또는 주가 움직임으로 생겨난 기준 패턴^{base patterns}이라는 특정한 유형이다. 이런 패턴은 주가가 신고점에 오르기 직전에 형성됐으며 최고 수익률에 도달할 때까지 이어졌다. 이러한 기준 패턴은 대개 전체 시장 지수의 조정으로 인해 생긴다.

그렇다면 신고가로 도약하고 100~200% 혹은 그 이상으로 급등하기 직전에 있는 미래의 대형 선도주의 차트는 어떤 모습을 보이는가?
—

세 가지 주요 패턴이 있다. 가장 흔한 것 중 하나는 우리가 '손잡이 달린 컵cup with handle'이라고 이름 붙인 패턴이다. 일반적인 모습이 커피잔 윤곽을 닮아서 그렇게 이름을 붙였다(다음 페이지 그래프 참조).

A 지점에서 B 지점까지는 이 컵 좌측의 내려가는 부분이다. B 지점은 몇 주 동안 주가가 오르락내리락하면서 컵의 바닥을 둥글게 만드는 과정이다. B 지점에서 C 지점까지는 주가가 다시 반등해서 대체로 직전 최고점 바로 아래까지 상승한다. 그런 다음 C 지점에서 D 지점을 거쳐 E 지점까지는 손잡이를 형성한다. A 지점에서 E 지점까지 전체 영역을 '손잡이 달린 컵'이라고 부른다.

아울러, 이러한 이기는 주식에 대한 연구의 일환으로, 나는 최적의 주식 매수 지점, 즉 '피봇 포인트(pivot point·중심 지점)'를 알아냈다. 어떻게 찾을까? 이 지점은 주가가 신고가에 들어섰을 때 주로 정상적인 기준 패턴 영역 끝부분에 있는데, 저항이 가장 적은 지점이다. 현재 및 과거 주가와 거래량 움직임으로 볼 때, 이 지점에서는 해당 주식의 주가가 훨씬 더 높이 치솟을 가능성이 가장 크다는 것을 뜻한다.

윌리엄 오닐의 이기는 투자

표시된 '손잡이 달린 컵' 패턴에서, 최적의 주식 매수 시점은 컵 손잡이에서 가장 높은 가격(C~D~E 구간)의 1/8 지점상의 거래 시점이 될 것이다. 우리는 이것을 신고가[new high]라고 부르는데(실제로는 손잡이 거래 범위에서의 신고가), 이것은 대체로 A 지점의 실제 예전 최고가보다는 약간 낮다. 이것은 당신에게 그 종목에 대해 약간의 상승세나 유리한 점을 일러준다.

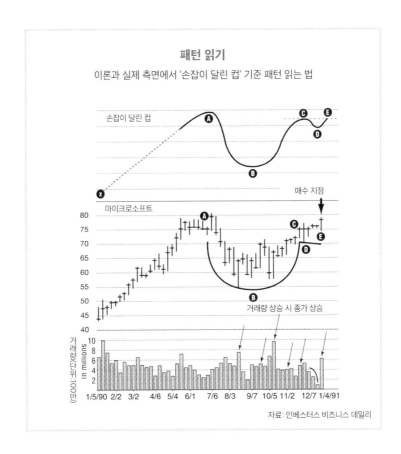

패턴 읽기

이론과 실제 측면에서 '손잡이 달린 컵' 기준 패턴 읽는 법

손잡이 달린 컵

마이크로소프트

매수 지점

거래량 상승 시 종가 상승

자료: 인베스터스 비즈니스 데일리

그냥 컵 바닥 지점에서 매수하면 안 되나?

—

사람들은 특정 매수 시점까지 기다리는 것을 견디지 못한다. 특히 대부분의 경우 그 특정 매수 시점은 기준 패턴 영역 안의 다른 주가보다 높기 때문이다. 사람들은 다음과 같이 묻는다. "더 좋은 거래를 하려면 더 싼 가격으로 먼저 매수해도 되지 않는가? 왜 매수하기 전에 몇몇 지점이 더 상승할 때까지 기다려야 하는가?"

우리의 목표는 그 주식이 크게 움직일 가능성이 평범한 수준일 때 가장 싼값에 매수하는 게 아니다. 우리의 목표는 적절한 시기에 정확하게 매수하는 것이다. 즉 그 주식이 성공할 가능성이 가장 큰 시기에 매수하면 주가가 크게 오를 것이다. 나는 상세한 과거 주가 연구를 통해 다음과 같은 사실을 발견했다. 주식 선택 시 다른 모든 기본적 요소 및 기술적 요소들을 갖추고 있다면, 올바른 '피봇 포인트'에서 매수한 주식은 당신을 보호하는 매도 규칙인 8% 이하로 하락하지 않을 것이다. 아울러 훨씬 더 크게 움직일 가능성이 높을 것이다. 역설적이지만, 정확하게 찾아낸다면 이것이 리스크를 최소화하는 지점이 된다.

주식이 매수 시점에 도달한 날의 거래량은 일일 평균 거래량보다 최소한 50% 이상 증가해야 한다. 이 핵심 매수 지점에서는 당신이 고른 종목에 대한 전문기관의 대규모 매수 수요가 중요하다. 〈인베스터스 비즈니스 데일리〉에만 있는 특별한 주식 일람표에는 각 주식의 일일 거래량 비율 변화가 나온다.

우리 차트의 X 지점부터 A 지점까지의 점선은 선행 상승선the prior uptrend이라고 한다. 역량 있고 건강한 주식은 선행 상승선에서 적어도 30%의 주가 상승을 나타낸다. 적당한 '손잡이 달린 컵'은 A 지점에서 E 지점까지 모양이 만들어지는 데 최소 7~8주는 걸린다. 그렇지 않으면 불안정해서 적정 매수 시점이 나타난 후 오류가 날 수 있다. 어떤 기준은 기간이 3개월, 6개월, 또는 무려 15개월이나 되기도 한다. 대부분의 경우 컵의 최고점에서 최저점까지(A에서 B까지) 20~30% 하락한다. 손잡이는 짧거나(1~2주) 혹은 몇 주가 될 수도 있다. 최저 주가를 따라 아래쪽에서 움직이거나 급락(손잡이 안에서 이전 주의 최저가 밑으로 하락)할 수도 있다. 이것은 도중에 다른 길로 빠진 것 같지만, 필수적인 되돌림 현상pullback, 즉 주가 조정이라는 목표에 도움이 된다.

적절한 손잡이라면 10% 혹은 15% 이상 주가가 하락하는 경우는 별로 없다. 적절한 손잡이는 보통 최저 수준에 가까운 두드러진 거래량 감소를 보일 것이다. 이는 그 종목에 더 이상 매도가 들어오지 않는다는 것을 의미하거나, 주가가 아주 작은 규모로만 변동하는 압축된 구간 몇 군데만 나타날 것임을 뜻한다. 몇 주 동안은 주가 변동이 사실상 거의 없을 수도 있다. 이것은 건설적인 신호다.

이론적으로는 명확해 보이지만, 주식이 실제로 그런 패턴을 형성하는가?

—

'손잡이 달린 컵' 패턴의 대표적인 예가 있다. 마이크로소프트는 신고가를 경신하기 일주일 전이던 1991년 1월, 주가가 2배 이상 급등했다(87페이지 두 번째 차트 참조). 당시 마이크로소프트의 주당 순이익EPS 등급은 99였고 상대적 주가 강도 등급은 96이었다. 마이크로소프트는 25주 동안 기준 패턴을 형성했다. A 지점의 하단에서는 6주 동안 하락했고, B 지점에서는 컵의 저점 부분을 따라 오락가락했다. 11월에는 시세를 회복했다가(C 지점) 마지막 5~6주에는 매우 압축된 손잡이(D~E 지점)를 형성했다. 손잡이가 전체 패턴의 중간 부분보다 위쪽에 있다는 점을 주목하라(C~D~E 지점).

아래 그래프에는 주가 상승과 함께 그 이전 주보다 거래량이 증가하는 구간에 주가 저점을 따라 6개의 각기 다른 주간 거래량과 상승세에 화살표로 표시해놓았다. 거래량이 가장 컸던 2개의 주에는 해당 주에 최고가로 마감하면서 주가도 크게 뛰었다. 또한, 그래프에서 볼 수 있는 12월의 극심한 거래량 감소, 그리고 12월 말과 1월 초의 소규모 가격 변동도 주목하라.

정확한 매수 지점은 손잡이 구간 내의 최고점이다. 다시 말하지만, 이것은 최저가가 아니라 당신이 제대로 매수할 가능성이 가장 큰 가격이다. 그런 이유로 주식을 매수하기 전에 이 가격에 도달하기를 기다리는 것이다(때때로 사람들은 이 지점까지 기다리지 못한다).

　이 방식이 익숙해질 때까지는, 어떤 주식이 최근의 최고가에 근접해 있을 때가 올바른 매수 시점이라는 것을 믿기란 무섭고 낯설고 어려울 것이다. 개인투자자의 98%는 절대로 이런 식으로 매수하지 않는다. 그렇기 때문에 미국 주식시장에서 매년 새롭게 등장하는 정말로 크게 이기는 주식을 보유하거나 충분히 활용하려는 사람은 거의 없을 것이다. 신고가일 때의 매수는 급부상하는 강한 주식을 매수하는 행위임을 기억하라.

요점 정리

- 지난 45년간 주식시장에서 이기는 주식을 연구한 결과, 특정 유형의 기준 패턴을 찾아냈다. 이 패턴은 주가가 신고점에 오르기 직전에 형성되었고 최고의 수익률을 낼 때까지 이어졌다.
- 가장 흔한 패턴은 옆에서 본 커피잔을 닮았다고 해서 이름 붙인 '손잡이 달린 컵' 패턴이다.
- 어떤 종목이든 최적의 매수 시점은 '피봇 포인트'로, 주가가 신고가를 나타낼 때 기준 패턴 구간의 끝 지점이다.
- 최적의 주식 매수 시점 당일의 거래량은 평시보다 50% 이상 늘어야 한다.
- 주식은 신고가에 들어설 때 매수하고자 해야 한다는 것을 기억하라. 개인투자자의 98%는 절대 이런 식으로 매수하지 않으며, 그렇기 때

문에 그들 중에 아주 크게 이기는 주식을 보유하는 사람은 거의 없을 것이다.

- 가격이 상승할 때 전일/전주보다 거래량이 증가하는 것은 일반적으로 긍정적인 신호다.

- 가격이 하락할 때 전일/전주보다 거래량이 증가하는 것은 대체로 부정적인 신호다.

- 거래량 감소로 인한 주가 하락은 대규모 매도가 없다는 의미다.

차트 패턴을
큰 수익으로 연결하는 법

기술적 분석을 하는 경우, 몇 가지 다양한 패턴이 있다. 제10강에서 윌리엄 오닐은 다양한 패턴에 대해 다루고 차트를 읽을 때 피해야 할 몇 가지 실수를 점검한다.

Lesson 10

How Chart Patterns
Lead to Big Profits

당신은 차트 읽기의 중요성을 언제 깨달았나?

—

차트가 얼마나 중요한지 처음 내가 깨달은 것은 1959년이었다. 내가 주식 중개인이 된 지 1년 만이었다. 그 당시, 다른 모든 펀드를 현저하게 능가했던 뮤추얼 펀드가 하나 있었다. 나는 주간 차트북을 구해서 지난 2년 동안 그 펀드가 모든 신규 종목을 사들인 시기와 가격을 기업 투자설명서와 분기별 사업보고서에 적었다. 이 과정에서 나는 대단히 중요한 것을 발견했다.

나는 이기는 주식을 고르는 방법에 대한 기존의 생각을 전부 바꿔 버렸다. 그 펀드가 사들였던 100개 정도 되었던 신규 주식들은 가격 면에서 신고가 고지에 다다른 후에야 매수되었던 것이다! 예를 들어, 만일 어떤 주식이 3~6개월 동안 40~50달러 사이를 오락 가락했다면, 이 1등 펀드는 그 주식이 51달러로 신고가를 찍었을 때만 매입했다.

잠시 이 개념에 대해 생각해보자. 정확한 기준 패턴 구간에서 살펴본 바와 같이, 매물로 나온 주식을 최고가로 매수한다는 생각은 터무니없어 보인다. 어쨌든 우리 대다수는 할인 거래, 즉 주식은 저렴할 때 매수하는 것이란 생각을 하며 투자 자금을 건다. 나는 이 보편적이면서도 누구나 동의하는 오해를 깨뜨리려고 한다.

백화점에서 할인 판매하는 상품을 사는 행위는 주식을 거래할 때와 완전히 반대 방식으로 작용한다. 당신은 주가가 더 높아질 가능성이 가장 큰 주식을 원하는가? 그렇다면 '싸게 사서 비싸게 판다'는 그릇된 격언을 무시하고, 그 대신 '비싸게 사서 훨씬 비싸게 판다'는 새로운 격언을 받아들여야 한다.

그것은 관점과 경험의 문제다. 시스코 시스템즈 같은 어마어마한 수준의 이기는 주식을 떠올려보라. 1990년 10월부터 1998년 10월까지 30달러라는 신고가 '피봇 포인트'에서부터 시스코는 15,650%라는 경이로운 상승률을 기록했다. 신고가였던 '피봇 포인트'는 사실 높은 게 아니었다. 그 당시 알려진 것이라고는 주가 추이뿐이었기 때문에 높아 보인 것이었다. 앞으로 다가올 엄청난 이익은 아직 보이지 않기 때문에, 당신이 정말 훌륭한 기업을 찾았을 때 높아 보인 주가는 사실 높은 게 아니다.

주가가 치솟기 전에 나타나는 또 다른 가격 패턴은 무엇인가?

—

일반적인 '손잡이 달린 컵' 패턴 외에도 '이중 바닥double bottom' 차트 패턴의 예를 살펴보자. 아래의 차트와 그래프를 참조하라.

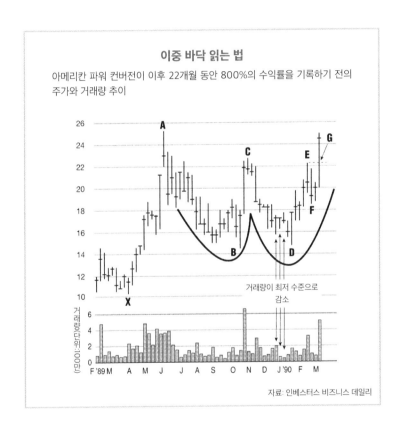

이중 바닥 읽는 법

아메리칸 파워 컨버전이 이후 22개월 동안 800%의 수익률을 기록하기 전의 주가와 거래량 추이

자료: 인베스터스 비즈니스 데일리

1990년에 아메리칸 파워 컨버전American Power Conversion의 39주 패턴은 대문자 W와 닮았다. C 지점이 있는 'W'의 가운데 지점은 이 패턴의 시작 부분인 A 지점의 고점보다 아래에 위치했다. A에서 B는 첫 번째 하향선이고, B에서 C는 W의 가운데 지점까지의 상향선이며, C에서 D는 'W'의 두 번째 바닥에 있는 두 번째 하향선이다.

일반적으로 두 번째 하향선은 B 지점이 있는 첫 번째 바닥의 최저점보다 약간 밑에 위치한다. 이것은 급락 신호 역할을 해서 허약한 주주들을 떨어져 나가게 하거나 겁에 질리게 만든다. D에서 E는 'W'의 마지막 상향선이며, E~F~G 지점은 짧은 손잡이를 형성한다.

손잡이(E 지점)의 최고점을 돌파하면 주가가 치고 나가기 때문에 정확한 매수 지점은 G 지점에서 22달러를 살짝 상회했을 때다. 주가가 22달러에서 상향 돌파할 때 차트 아랫부분의 주간 거래량이 크게 증가한 것에 주목하라.

매수 시점 당시의 이 종목은 〈인베스터스 비즈니스 데일리〉 주당순이익EPS 등급 99, 상대적 주가 강도 등급 95, 자기자본이익률 ROE 53.8%, 연간 세전 이익률 25%를 기록했다. 이 종목은 그 후 22개월 동안 G 지점에서부터 800%나 올랐는데, 대다수 투자자에게는 매수 시점 당시 가격이 매우 비싸고 무서워 보였을 것이다. 또한, 주가가 18달러에서 22달러까지였던 C 지점과 비교해 매수 시점이 있던 그 주에 주간 거래량은 엄청나게 늘어났다.

끝으로 12월 마지막 3개 주와 1월 첫 주까지의 기간 동안, 주가는 17달러 전후로 매우 압축적인 구간에서 마감했고 거래량은 전체 기준에서 최저 수준으로 감소했다. 대다수 사람은 이를 알아채지 못할 것이다. 하지만 이것은 대체로 건설적인 신호다. 거래량 감소는 시장에 더 이상 나올 매물이 없다는 것을 나타내기 때문이다.

찾아볼 또 다른 가격 패턴이 있는가?
—

또 다른 흔한 패턴은 '수평 구간flat base'이다. 주식이 '손잡이 달린 컵' 모양을 형성한 다음 계속 상승하는 경우 나타날 수 있다. 단순하게 주가 패턴이 똑바로 수평적으로 움직이며 최소 5주 동안은 그 상태를 유지하는데, 보통 8~12% 정도만 조정을 받는다. 이런 유형의 패턴 끝에는 새로운 '피봇 포인트'가 만들어지는데, 이것이 신규 매수 기회가 되기도 한다. 혹은 '손잡이 달린 컵' 패턴상 매수를 일찍 할 기회가 될 수 있다.

주식을 매수할 때는 정확한 '피봇 포인트'에서 사야 한다. 정상적인 패턴에서 벗어나는 지점이다. 피봇 포인트에서 5% 이상 상승한 구간에서 추격 매수하지는 말라. 만일 그렇게 할 경우, 훨씬 비싸

진 가격으로 매입하게 될 것이다. 언제나 늦지 않고 때맞춰 시작해
야 돈을 번다.

차트를 읽을 때 조심해야 할 실수는 무엇인가? 또한 잘못된 기준 패턴도 있는가?

—

1 1~4주 정도의 짧은 패턴 구간은 매우 위험하고 대체로 맞지 않는다. 그
런 것들은 피하라.

2 전체적인 형태가 비정상적으로 넓거나 느슨한 패턴은 매우 위험하다.
주가 변동이 덜하면서 더 압축되어 있으며 구조가 잘 짜인 패턴일 때
매수하는 게 더 안전하다.

3 주가 하락이나 손잡이 모양이 전혀 없이 패턴의 바닥에서 곧장 치솟아
신고가를 찍는 주식은 위험하다. 급매물이 쏟아지는 경우도 많다.

4 실제 거래량 증가를 동반하지 않는 기준 패턴의 신고가 돌파는 피해야
한다.

5 소외주 패턴에도 유의하라. 그런 종목의 패턴에서는 최신 주가의 신고가
경신 현상이 미약하고 움직임도 둔하다. 그런 패턴은 그냥 넘어가야 한다.

6 하단 부분에서 우하향하는 흐름보다도, 폭이 너무 넓고 느슨한 패턴
(20~30% 하락)이나 하단 부분에 고정되어 있는 손잡이 패턴에는 오류
가 있는 경우가 많다.

7 장기간 주가 상승이 진행된 다음에 해당 주식이 기준 패턴을 형성하는 네 번째 구간('4단계' 구간)은 대체로 모든 사람 눈에 잘 띄지만, 이건 실패하게 될 것이다(자세한 내용은 제11강 참조).

일단 차트 읽는 법을 배워라. 주가가 상승할 힘을 축적하고 있으며 이 책에서 앞서 언급한 기본적 분석상의 수익 기준을 모두 갖춘 정상적 기준 패턴을 나타내는 주식을 제대로 알아볼 수 있으면 투자 성과는 상당히 좋아질 것이다.

요점 정리

- 종목을 고를 때 잘 살펴봐야 할 주가 패턴으로는 '손잡이 달린 컵', '이중 바닥', '수평 구간' 등이 있다.
- 잘못된 기준 패턴이 존재하는 만큼 다음 사항에 유의하라.

  1) 비정상적으로 폭이 넓거나 느슨한 손잡이 형태

  2) 위쪽을 향하는 쐐기형 손잡이

  3) 전체적인 기준 패턴이 넓거나 느슨한 형태

  4) 산업군 내 주식 중 가장 늦게 기준 패턴을 형성하는 소외주

  5) 주가가 고점을 돌파할 때 거래량 증가가 없는 경우

  6) '4단계' 구간

  7) 짧은 기준 패턴

- 투자 격언 중에 '싸게 사서 비싸게 판다'는 '비싸게 사서 훨씬 더 비싸게 판다'로 대체하라.
- 정확한 '피봇 포인트'에서 주식을 매수하라. 피봇에서 5% 이상 오른 경우 추격 매수를 하지 말라.

윌리엄 오닐의 이기는 투자

전문가처럼
주식 차트 읽는 법

차트 읽기는 매우 어려운 기술 중 하나
다. 제11강에서 윌리엄 오닐은 구체적인 사례를 제시하고 그가 거론했던
몇 가지 규칙의 예외와 더불어 차트를 더 잘 읽는 법에 대해 설명한다.

Lesson 11

How to Read Stock Charts
Like a Pro

**마침 일부 차트가 괜찮은 사례를 보였지만 그런 패턴을 보
인 종목이 모두 대폭 상승하는 건 아니다. 정상적인 패턴과
비정상적인 패턴의 차이는 어떻게 구별하는가?**

—

차트의 진정한 가치는 그 주식의 최근 상황과 관련된 움직임을
살펴보는 데 있다. 주식 차트는 시장에서 종목의 실제 성과를 비교
적 간단하게 주가와 거래량 추이로 나타낸다. 연방준비제도이사
회(Fed·미국의 중앙은행 역할을 하는 기관. 이하 '연준'-옮긴이)와 금리에서
부터 전 세계 시장과 정치에 이르기까지 시장에 영향을 미칠 수 있
는 모든 요인까지도 보여준다.

다음 페이지에 있는 피플소프트 차트는 세부적인 모양이 비정

상적인 패턴 및 실패하기 쉬운 패턴과, 수익성이 엄청나게 높을 수 있는 정상적인 패턴 간의 차이가 얼마나 미미할 수 있는지를 보여주는 좋은 예시다.

1993년 당시 차트의 A, B, C 지점은 '손잡이 달린 컵' 패턴의 컵 부분처럼 보인다. 그러나 C 지점에서 H 지점까지의 손잡이 구간은 D, E, F, G가 있는 각 지점 맨 아래에 꼭짓점을 두고 위쪽으로 열린 쐐기(V자) 형태를 나타내고 있다. 각 지점의 최저점은 약간씩 점차 더 높아진다. 이런 식으로 나타나는 대다수 패턴은 해당 종목

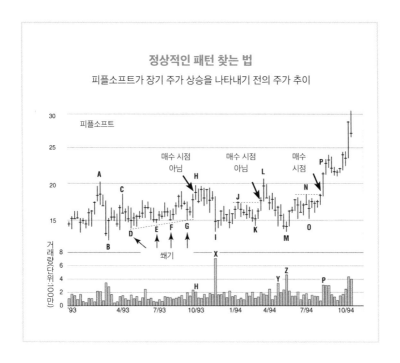

윌리엄 오닐의 이기는 투자

이 신고가를 돌파한 후에 실패하게 되는데, H 지점에서 나타나는 모습이 그것이다. 또한, 차트 하단의 주간 거래량이 이전 주보다 오히려 신고가 돌파가 나타났던 주(H 지점)에 더 적었다는 것을 주목하라. 이는 또 다른 나쁜 신호다. 거래량은 그 이전 주보다 신고가 돌파 주간에 더 늘어나야 한다.

피플소프트는 H 지점부터 L 지점까지 손잡이 달린 컵 패턴을 두 번째로 형성했다. 이번 손잡이 구간은 J 지점에서 K 지점까지 하향했는데, 차라리 이게 낫다. 이전 몇 주 동안의 낮았던 종가가 점점 더 낮아지면서 배포가 약한 주주들을 털어내기 때문이다. 하지만 손잡이가 전체 패턴의 중간 아래쪽에 생기면 안 된다.

손잡이가 패턴의 중상부에 있는지 상부에 있는지는 어떻게 측정하는가?
—

이 패턴의 최고가인 19.875달러(H 지점)와 최저가 13달러(I 지점)를 보면, 이는 전체적으로 6.875달러 하락한 것이다. 이제 17달러(J 지점)인 손잡이 맨 윗부분과 14달러(K 지점)인 손잡이의 맨 아랫부분을 보자. 이 손잡이의 중간 지점은 15.5달러다. 자, 15.5달러는 위쪽인 19.875달러(H 지점)에 더 가까운가, 아니면 아래쪽인 13달러(I 지점)에 더 가까운가? 아래쪽과는 2.5달러 차이, 위쪽과는

4.375달러 차이가 난다.

손잡이의 중간 지점은 중간 이하 부분에 가까운데, 이는 신고가 돌파를 시도할 때 매수하면 안 될 비정상적인 패턴(L 지점)을 나타내는 미약한 표시다. 그리고 X 지점의 엄청난 매도 물량을 주목하라. 이는 피플소프트가 두 달 전에 형성했던 지지선 가격인 15달러 밑으로 하락했던 시점이다.

이런 복잡한 것들을 배우기 위해서는 시간이 걸린다. 숙련된 차트 전문가도 H 지점과 L 지점에서 매수 쪽으로 끌려갈 수 있다.

피플소프트 차트에서 패턴이 제대로 형성된 곳은 어디인 가?

—

피플소프트 주식은 최종적으로 L 지점에서 P 지점까지의 세 번째 구간에서 꽤 제대로 된 '손잡이 달린 컵'을 형성한다. N 지점에서 O 지점까지의 손잡이는 패턴의 중간 지점에 훨씬 더 가깝다. 이 패턴은 맨 앞의 패턴보다 훨씬 압축적이고 잘 그려져 있다. L 지점에서 4주 동안 하락한 후 주가가 2주 전의 지지선이었던 16달러 밑으로 내려가긴 했지만, 거래량은 비교적 적었다. 이는 X 지점이 있던 주간인 두 번째 패턴의 아랫부분에 못처럼 튀어나온 어마어마한 거래량보다 낫다.

또한 Y 지점이 있던 주간의 상당한 거래량 및 주가 반등을 비롯해, Z 지점이 있던 주간의 엄청난 거래량에 주목하라. 얼핏 보면 Z 지점이 있던 주간의 거래량은 부정적인 신호로 잘못 읽을 수도 있다. 그것은 사실상 주요 매수 지지선을 알려주는 신호다.

이런 움직임을 해석하는 방법은 다음과 같다. 그 이전의 2주 동안 주가는 매주 1.25~1.5달러씩 하락했다. 이후 주간 거래량이 대폭 늘어났지만 주가는 0.125달러 하락에 그친다. 나는 이것을 '더 이상 주가를 떨어뜨리지 못하는 대규모 거래량'이라고 부른다. 주가가 하락세를 이어가지 못하고 일주일 동안 사실상 변동 없이 거래를 마치는 것은 대규모 기관 매수세의 뒷받침 덕분이다. 이제 이전 4주 중 2주 동안 패턴의 저점을 따라 형성된 대규모 거래량 지지선을 살펴보자.

이 패턴의 정확한 매수 지점은 주가가 18.5달러일 때다. 신고가 돌파 이전 일주일 동안의 거래량 급감을 들여다보라(이 따분한 움직임을 꾸준히 지켜보는 사람은 거의 없다). 그런 후에, 신고가 돌파가 나타난 주간에는 P 지점에서 대규모 거래량 증가가 일어난다.

해당 주는 1994년 8월에 우리의 기관 대상 리서치 회사인 윌리엄 오닐&컴퍼니William O'Neil&Co.에서 기관 고객들에게 피플소프트를 매수 추천했던 바로 그 주다. 당시 피플소프트의 주당순이익EPS 등급은 99, 상대적 주가 등급은 87이었다. 피플소프트의 세전 이익률은 23.5%였고 최근 5년 이익 증가율은 163%였다. 아울러 피플소프트는 경영진이 지분의 50%를 보유했으며, 주가수익비율PER은 45배(나중에 100배 이상에서 매도함), 일 평균 거래량은 14만2,000주였다.

정상적인 패턴을 찾는 데 도움이 될 만한 다른 힌트는 무엇인가?

—

대부분의 성공적인 주식들은 주가가 상승함에 따라 '단계별'로 각각 다른 기준 패턴을 형성한다. 정확한 기준 패턴('첫 단계')이 맨 처음 형성되었을 때 이를 알아보는 사람은 거의 없다. 일반적으로 대다수 투자자가 눈치채지 못한 주식이어서 그 주식을 매수하는 사람이 거의 없다. 두 번째 기준 패턴을 알아보는 사람 역시 일부에 그친다. 하지만 세 번째 그리고 특히 네 번째 패턴이 장기적인 상승곡선을 형성할 때쯤이면 너무나 확실하기에 누구나 알아본다. 시장은 대중을 실망시키는 쪽으로 움직인다. 확실해 보이는 대다수 주식은 대체로 마음처럼 움직이지 않기 때문에, '네 번째 단계'에서 매수하는 경우 80%는 잘못될 것이다. '네 번째 단계'의 기준 패턴에서의 매수가 실패로 돌아가면 대부분 그 패턴에서 이전 최저치보다 낮은 가격에서 매도하게 된다. 흔히 네 번째 단계 패턴에서의 실패는 일반적인 시장에서 하락세로 전환하는 주요 지점이 된다. 나중에 주가가 반등해 새로운 기준 패턴이 형성되기 시작하면, 패턴은 '재설정'되고 기준 패턴 수도 다시 헤아려진다.

차트 주가와 거래량 움직임은 주가가 고점에 도달한 시점과 매도해야 할 시점을 인식하는 데 종종 도움이 될 수 있다. 이는 문제가 생겼다는 표시로 수익에 부정적인 변화가 나타나는 것보다 훨씬 빨리 나타난다. 예를 들어 1980년 10월 석유 서비스 업종 주식들이 고점을 찍었을 때 이 주식들은 대부분 100% 이상의 수익률을 기록했고 애널리스트들이 내놓은 향후 몇 분기 동안의 추정치도 훌륭했다. 그러나 주가와 거래량 움직임은 상당한 누적매도(전문기관 매도)를 나타냈다. 이는 매도 시점을 의미한다. 펀더멘털 분석가들의 의견과는 상관없이 말이다.

'캔 슬림CAN SLIM'3 원칙에 맞는 적절한 패턴과 종목을 찾아보려고 차트 북을 살펴보았다. 이 원칙은 나의 저서《최고의 주식 최적의 타이밍》에서 다룬 바 있다. 정상적인 기준 패턴은 대개 평균 이상으로 거래량이 더 많으면서 주가가 하락하는 주(week)보다, 평균 이상으로 거래량이 더 풍부하면서 주가가 상승하는 주가 더 많아야 한다. 또한 주가 변동이 거의 없는 몇몇 주간이 몰려 있을 것이다. 지난 12개월 동안의 주가와 거래량 움직임에서 주가가 한두

---

3 윌리엄 오닐이 찾아낸 투자 원칙으로, '캔 슬림(CAN SLIM)'이라고 읽는다. 주요 원칙들을 뜻하는 단어의 알파벳 머리글자를 조합해 만든 표현이다. C는 현재의 분기 실적, A는 연간 순이익 증가율, N은 신제품/신경영/신고가, S는 수요와 공급, L은 선도주 여부, I는 기관투자자의 뒷받침, M은 시장의 방향을 의미한다.-옮긴이

번 상승할 때 엄청난 주간 거래량 급증을 보면 좋다.

대다수 대형 선도주들은 초기에 정상적인 기준 패턴을 형성한 후 8주 이내에 20% 상승한다. 그래서 나는 단 1~4주만 지나면 20% 상승하는 잠재력을 지닌 대형 선도주를 매도하지 않는다. 이때 한 60% 정도로, 선도주들은 그들의 피봇(또는 매수) 주가까지 되돌아가지 않는다. 하지만 때로 주가가 50일 이동 평균선으로 되돌아가면 그 패턴의 처음에는 추가 매수를 해도 된다.

차트는 공부하는 게 좋다. 그러면 패턴을 인식하게 될 것이다. 주식과 주식의 행태에 대해 전에는 잘 몰랐던 것들을 발견하게 될 것이다. 성과가 정말 뛰어난 주식의 패턴을 떼어서 기록해두면 다음에 무슨 주식을 찾아야 할지 배울 수 있다. 역사는 언제나 반복된다. 5년, 10년, 15년 전에 효과가 있었던 패턴은 오늘날에도 효과적이다. 인간 본성과 투자자 심리가 변하지 않기 때문이다. 차트 읽기를 시작할 만한 곳으로는 〈데일리 그래프 온라인Daily Graphs Online〉이 있다. 사이트 주소는 'www.dailygraphs.com'다('데일리 그래프 온라인'은 2010년부터 신규 버전 서비스인 '마켓스미스MarketSmith'로 바뀌었다. 사이트 주소는 https://marketsmith.investors.com이다).

명심하라. 전체 시장 조정은 자연스럽고 정상적인 것이다. 당황하거나 자신감을 잃을 사안이 아니다. 조정이 있어야 또 다른 패턴이 새로 생겨난다. 시장에 조정이 없으면, 올바른 '손잡이 달린 컵'은 훨씬 더 적게 형성될 것이다. 컵의 왼쪽 모양 형성에 도움이 되는 것은 주가 하락이다. 이는 관점의 문제다. 상황별 엄격한 매도 규칙과 전체 시장 지수의 움직임을 해석할 수 있는 확실한 방법 덕분에 당신은 최고가쯤에서 주식을 매도할 수 있고 미래의 피플소 프트 같은 패턴이 완전히 새롭게 형성될 때까지 기다릴 수 있다. 때가 되면 그런 종목들은 언제나 움직인다. 이러한 신규 패턴은 놓쳐선 안 된다. 그러니 시장 조정이 이뤄지는 동안 좌절하거나 포기하지 말라.

요점 정리

- 수익률이 좋은 대다수의 주식은 주가가 상승함에 따라 '단계'별로 각기 다른 패턴을 형성한다. 3단계와 특히 4단계 패턴은 실패하기 쉽다.
- 차트 주가 및 거래량 움직임은 주가가 최고가에 도달해 매도해야 할 시점을 파악하는 데 도움이 된다.
- 이기는 주식의 과거 차트 패턴을 연구하라. 나중에 무엇을 찾아야 하는지 배울 수 있을 것이다. 역사는 언제나 반복된다.
- 패턴 상부에서 형성되는 컵 손잡이를 찾아보라.
- 정상적인 패턴에는 일반적으로 평균 이상의 거래량에서 주가가 하락하는 주간보다, 평균 이상의 거래량에서 주가가 상승하는 주간이 훨씬 많아야 한다.
- 정상적인 패턴을 이룬 대부분의 대형 선도주는 '피봇 포인트'에서 8주 이내에 20% 상승한다. 나는 4주 이내에 이렇게 움직일 주식을 절대 매도하지 않는다.

24
Essential Lessons
for Investment
Success

주식시장
건전성 측정법

성공적인 투자자가 되기 위해서는 시
장의 방향과 움직임을 이해하는 것이 중요하다. 제12강에서 윌리엄 오닐
은 시장의 움직임을 해석하는 방법을 알려줄 것이다.

Lesson 12

How to Gauge
the Stock Market's Health

당신의 경험으로 볼 때, 성공적인 투자의 필수 단계는 뭐라고 생각하는가?

—

초보자든 경력자든 간에 주식 투자를 잘해서 돈을 벌고 싶다면, 배우고 따라야 할 중요한 세 단계가 있다.

- 첫째, 가장 좋은 주식을 고를 수 있는 매수 종목 선정 규칙을 개발하고, 적절한 매수 시기를 결정할 수 있도록 차트를 이용해야 한다.
- 둘째, 매도 및 이익을 확정할 시기나 더 큰 손실을 방지할 수 있도록 손절매할 시기를 파악할 수 있는 일련의 매도 규칙이 있어야 한다.
- 셋째, 전체 시장 평균이 고점에 도달하고 하락하는 게 언제인지, 그리

고 마침내 바닥을 치고 새로운 상승세로 전환되는 것이 언제인지 알 수 있는 구체적인 방법이 있어야 한다.

전체 시장이란 무엇이며 이를 이해하는 것은 왜 중요한가? 그냥 좋은 주식을 사놓고 잊고 있으면 안 되는가?
—

전체 시장이란 S&P 500, 다우존스 산업 평균, 나스닥 종합 같은 주요 시장 지수를 뜻한다. 이 지수들을 조심스럽게 평가해야 하는 이유는 고점이 되면 이 지수들이 하락 전환해 크게 떨어지는데, 이때 네 종목 중 세 종목, 즉 75%에 달하는 종목들은 당신이 그 종목이 좋다거나 별로라고 생각하든 말든 시장의 추세를 따라 주가도 하락하기 때문이다.

수많은 성장주, 2위권 기업, 업종 내 비우량 기업, 심지어 특수 첨단기술 주식도 시장 평균의 2배에서 3배까지 하락할 수 있다. 더 나쁜 것은, 그런 종목 중 일부는 주가가 빨리 회복되지 않거나 회복되는 데 몇 년씩 걸릴 수 있다는 것이다. 그래서 만일 약세장이 20~25%로 하락한다면(절대 고점에서 어느 정도 일반적인 약세장 조정), 당신의 주식 중 일부는 그 주식의 최고가에서 40~75% 떨어질 수 있다.

몇 년간의 강세장(상승) 주기 동안 상당한 수익률을 기록했어도,

그 이후의 약세장(하락) 주기 동안 모든 수익률을 반납하고 나면 전혀 가치가 없다. 엘리베이터를 타고 줄곧 내려가기만 하는 것보다는 올라가는 도중에 내리는 게 낫다. 대체로 투자자들이 어렵게 이 교훈을 배우는 데 적어도 3~4년은 걸린다. 그러므로 주식을 제때 매수해 제때 매도하는 법을 배워야 한다.

왜 어떤 약세장은 몇 달이면 끝나는데, 또 어떤 약세장은 몇 년 동안 이어지는가?

―

나는 투자를 시작한 후 12번의 약세장을 경험했다. 나는 세기 century가 전환하는 시기(즉 20세기 초)까지 거슬러 올라가 약세장 18개를 면밀히 분석했다. 미국과 세계의 기본 여건이 대체로 약세장의 기간과 정도를 결정했다.

미국이 정말 큰 곤경에 처했을 때 다우 지수는 30~50% 조정받는 경향이 있다. 약세장은 1937년(대공황 시절), 1940~1942년(제2차 세계대전 발발), 1966년, 1969~1970년, 1973~1974년, 1977년[베트남전, 금 유출, 석유수출국기구(OPEC)가 주도한 유가 상승, 소련 팽창주의, 인플레이션 만연, 카터 대통령 집권기의 금리 20% 등이 있던 시절]에 일어났다.

1948~1949년, 1953년, 1957년, 1960년, 1980년, 1982년,

1990년, 1998년처럼 미국의 기본 여건이 나쁘지 않았을 때는, 고점에서 17~27% 정도의 소규모 시장 하락을 경험한다. 이러한 하락세의 대부분은 그해 4분기에 끝난다.

약세장은 정상적인 시장의 흐름이며 꼭 필요하다. 이전의 지나친 상승을 정상화하는 역할을 하기 때문이다. 약세장은 또한 시장에 강세장을 위한 완전히 새로운 일련의 차트 기준 패턴과 선도주들이 생성되게 만든다. 이는 때가 되면 항상 나온다. 그러니 절대 낙담하거나 자신감을 잃거나 시장을 떠나지 말라. 그렇지 않으면 다음 강세장을 놓치게 될 것이다.

전문가들은 항상 시장에 대한 의견이 일치하지 않는 것 같다. 누가 옳은지 어떻게 아는가?

—

나는 시장에 대한 개인 의견을 듣지 않는다. 그 대신 매일매일의 주요 지수 수치와 거래량 변화를 살펴본다. 나는 먼 미래의 시장을 예측하려 하지 않는다. 다만 날마다 그때의 정확한 상태를 이해하고자 한다. 시장이 상승 또는 하락이 확실한가, 정상 또는 비정상적인 방식으로 움직이는가를 본다. 중요한 시장 지수는 〈인베스터스 비즈니스 데일리〉의 '전체 시장&섹터General Market&Sectors' 페이지에 올려놓았다. 나 역시 매일 확인하는 페이지다.

세 가지 주요 지수는 주요 전환 지점에 나타난 차이를 발견하는 데 도움이 되도록 다른 지수와 함께 배열했다. 예를 들어, 한 지수는 신규 최저치로 하락할 수 있지만, 반면에 다른 더 범위가 넓은 지수(나스닥 등)는 이와 엇갈리며 기존 최저치를 웃돌 수 있다. 범위가 더 넓은 지수는 시장의 더 넓은 범위에 존재하는 강세와 다른 범위의 약세를 함께 표시하기 때문이다. 또한 〈인베스터스 비즈니스 데일리〉는 이 페이지에 뮤추얼 펀드 지수도 배치했다. 뮤추얼 펀드 지수는 훌륭한 전체 시장 지표가 되기 때문이다. 〈인베스터스 비즈니스 데일리〉는 또한 '빅 픽처^{The Big Picture}'라는 칼럼도 게재하고 있다. '전체 시장 및 섹터' 페이지의 다양한 지표에 나타나는 많은 변동사항을 해석하는 방법을 설명하므로 이를 익히는 데 도움이 될 것이다.

나는 개인적으로 매일 주요 시장 평균의 움직임과 개별 선도주의 움직임을 관찰하는 게 (대다수 기술 분석가들이 참고하는) 수십 가지 여러 기술적 시장 분석 도구보다 훨씬 더 믿을 만하다고 생각한다.

요점 정리

- 전체 시장은 S&P 500, 다우존스 산업 평균, 나스닥 종합 같은 주요 시장 지수로 대표된다. 전체 시장을 추적하는 일은 매우 중요하다. 대다수 주식이 전체 시장의 추세를 따르기 때문이다.
- 시장에 대한 개인 의견은 무시하라. 그 대신, 주요 지수의 일별 가격 및 거래량 변동을 살펴보라.
- <인베스터스 비즈니스 데일리>의 '전체 시장 및 섹터' 페이지는 현재 전체 시장에서 일어나는 일을 이해하는 데 도움이 된다. '빅 픽처' 칼럼은 시장의 복잡한 특성을 해석하는 데 도움이 된다.
- 일반적인 약세장은 고점에서 20~25% 하락한다. 정치적 또는 경제적 여건이 좋지 않을 때는 심각한 하락세의 원인이 될 수 있다.

시장이 정점에 도달한
시점을 파악하는 법

시장은 투자에서 가장 중요하지만 투자자가 가장 잘 모르는 요소이기도 하다. 제13강에서 윌리엄 오닐은 시장 지수의 세부 사항과 시장이 정점에 도달했을 때 찾아야 하는 신호가 무엇인지 설명한다.

Lesson 13

How to Spot
When the Market Hits a Top

주식을 매수하거나 매도할 시기를 아는 것은 매우 중요하다. 이 책의 제1강에서는 주가가 매수한 가격에서 8% 미만으로 떨어졌을 때 개인투자자가 왜 예외 없이 전부 손절매해야 하는지에 대해 설명한 바 있다.

한 남자가 우리에게 편지를 보내왔다. 내가 쓴 책《최고의 주식 최적의 타이밍》을 읽었는데 나의 논리에는 동의하지만 손절매 규칙만큼은 동의할 수 없다는 내용이었다. 그러나 어떤 방법이든 효과를 보기 위해서는, 동의하는 규칙만이 아니라 규칙 전부를 따르도록 엄격하게 수련해야 한다. 대다수 투자자가 건전한 투자 원칙을 모두 준수하는 데 어려움을 겪고 있다. 그들은 주식이 매우 투기적이며 쉽게 8% 이하로 하락할 수 있음을 알기도 전에 힘들게 번 돈을 잃고 만다. 유명한 금융가인 버나드 바루크Bernard Baruch는 이렇게 이야기했다. "시장에서 항상 판단이 적중할 필요는 없다. 사실, 언제나 손실을 줄일 수 있는 분별력만 갖추고 있다면, 50%만 적중해도 돈을 벌 수 있다."

아무리 좋은 종목이든 상관없이, 4종목 중 3종목은 결국 전체 시장 추세를 따라가기 마련이다. 따라서 시장이 정점을 찍은 시점이 언제인지를 알아내는 것이 중요하다.

누적매도distribution가 4~5일 이어지고 나면 전체 시장은 대체로 하락세로 전환한다. 이 방식을 이용하면 1998년 강세장의 정점을 알아내기는 꽤 쉽다(옆 페이지의 위쪽 차트 참조).

일반적으로, 누적매도는 거래량이 늘었는데도 지수가 하락 마감하거나, 전날보다 거래량이 더 증가했는데도 당일 지수가 주춤하는 현상이 선행하는 모습으로 표시된다(이때 가격 변동은 거의 없음). 옆 페이지 차트에서 4월 22일 다우 지수는 전날 종가보다 약간 하락했다(일일 종가는 일일 주가 변동을 나타내는 세로선의 짧은 가로 사선으로 표시된다). 차트 하단에 나오는 거래량은 전날보다 증가했다. 그날이 누적매도 첫째 날이다. 3일 후 2번 지점에서 다우 지수는 심하게 하락했는데 거래량은 다시 전날보다 늘어났다. 그날이 누적매도 둘째 날이다. 6일 후인 3번 지점에서, 다우 지수는 거래량이 증가한 가운데 하락세로 마감했다. 바로 다음 날, 4번 지점은 거래량이 늘어난 상태에서 매도가 가속화되었고, 누적매도 4일째에 이르렀다.

2주 또는 3주 동안 매도 기간을 정확히 파악한 경우, 4일의 누적매도는 종종 이전에 상승세였던 시장을 하락세로 전환시키는 조건에 부합하게 된다. 시장이 다시 새로운 고점으로 되돌아가려 할 경우 때때로 누적매도는 6~7주에 걸쳐 확대되기도 한다. 나는 4일의 분명한 매도일을 확인하면, 매도하거나 정리해야 할 주식을 찾기 시작한다. 개별 종목에 대한 매도 규칙은 제20강과 제21강에서 살펴보겠다.

시장 정점 찾기

1998년의 시장 정점 살펴보기

다우 지수에서 최근 매도 상황을 정확하게 파악하는 방법은 어떻게 익히는가?

—

나는 〈인베스터스 비즈니스 데일리〉의 '전체 시장&섹터' 페이지를 매일 확인한다. 매도 신호가 사전 경고 없이 갑자기 나타날 수 있는 며칠을 놓치고 싶지 않기 때문이다. 무슨 일이든 안일하고, 아는 게 없고, 정보를 모르거나 하면 거의 언제나 돈이 들게 마련이다.

누적매도 기간을 파악하는 방법은 누구나 배울 수 있다. 이를 잘하려면 시간이 얼마나 걸릴까? 스스로에게 다음 질문을 해보라. 자동차를 제대로 운전하기까지 혹은 골프 치기나 피아노 연주를 익히는 데 얼마나 걸렸는가? 다른 기술과 마찬가지로, 연습을 꾸준히 하면 시간이 흐르면서 실력이 나아진다.

앞 페이지의 차트를 다시 보자. 누적매도 5일 차가 일주일 후(5번 지점)인 5월 15일에 나타났다는 것에 주목해야 한다. 일단 이런 신호들이 보이면 매수를 전부 중단해야 하며 심지어 기존 보유 종목들의 규모도 줄여야 한다. 어느 시점부터는 시장 평균이 늘 반등하면서 상승세로 전환하려고 할 것이다. 이를 랠리^{rally}라고 한다. 4~5일의 확실한 누적매도 기간을 파악한 후에는, 무슨 랠리든 간에 그 첫날이나 둘째 날에는 끼어들지 말라. 잘못된 랠리일 수 있다. 시장은 이제 하락세로 돌아서고 있으며, 당신은 아무것도 매수하지 말아야 한다. 시장이 '반등 지속 지점' 출현일이 되었다는 명백하고 강력한 신호를 줄 때까지는 말이다. 이는 일반적으로 랠리 조짐이 나타난 지 4~7일 사이에 나타난다(자세한 내용은 제14강에서 다룬다).

이제 1998년 7월의 1번 지점을 주목하라. 이날 거래량은 증가했는데 다우 지수는 크게 출렁였으나 제자리걸음이었다. 주춤하다가 소폭 하락세로 마감했다. 이날이 누적매도 첫째 날이다. 이틀 후 2번 지점에서도 같은 현상이 있었다. 시장 평균은 거래량이 늘어날수록 악화된다. 4일 후(3번 지점) 다우 지수는 거래량이 다소 늘어나면서 장을 마쳤다. 4번 지점에서 다우 지수는 거래량이 늘어난 가운데 하락세로 마감한다.

다시 누적매도 4일 차다. 매도 시점이다. 만일 신용대출 자금(차입한 자금)으로 투자한다면 리스크는 2배로 커진다. 그러니 매도하고 신용대출 자금을 정리하라. 그렇지 않으면 심각한 타격을 입을 수 있다. 시장이 지금은 희망을 품을 때가 아니라 두려워해야 할 때라고 일러주고 있다. 다음 날(5번 지점) 거래량은 더욱 늘어나고 당신은 곤두박질치고 만다.

만약 개인투자자들이 이 방법을 익혀서 활용할 수 있었다면, 정점에서 극저점까지 주식을 전부 들고 있을 이유가 없다. 시장은 결코 우연히 하락하는 게 아니다. 그 정보와 신호는 언제나 그곳에 있다. 슬프게도, 무지, 자만, 자부심, 희망적 사고, 망설임, 비현실적인 기대는 일반적으로 사람들이 시장 평균을 객관적으로 분석해서 정확하게 매도를 결정하는 일을 방해한다.

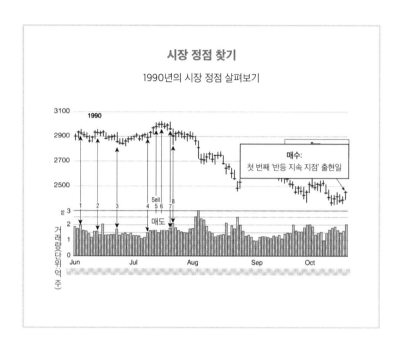

이런 정점을 나타내는 패턴들은 계속해서 나타나는 것 같다.

—

맞다. 시장의 방향을 제대로 평가하는 방법을 더욱 명확하게 해주는 과거 사례가 하나 있다(위 차트 참조). 이러한 명확한 신호를 활용하는 방법을 본격적으로 알아보고 익힌다면, 이것은 당신에게 상당히 가치 있는 기법이 될 것이다.

1990년 6월의 1번 지점은 전월의 상승 기간에 나타난 누적매도 기간 첫날이었다. 2번 지점은 다우 지수가 주춤하다가 거래량이 소폭 늘어난 상태에서 가까스로 하락 마감한 것을 보여준다. 하지만 이는 아직 누적매도 이틀 차다. 3번 지점에서 다우 지수는 거래량이 크게 늘어난 가운데 급락 마감한다. 11일 후인 4번 지점에서 다우 지수는 거래량이 더 증가한 상태에서 하락한다.

5번 지점을 보면, 이날 다우 지수는 사실상 주춤하다가 소폭 상승 마감한다. 하지만 다우 지수가 크게 올랐던 지난 이틀간의 순 상승률과 비교하면 상당히 낮은 상승률이다. 또한 엄청난 거래량이 나타난 가운데, 그날의 스프레드(최고점에서 최저점까지 격차) 중 최저점 부근에서 마감한다. 여기서 중요한 것은 대규모 거래량 증가가 나타났는데도, 다우 지수가 전날보다 상승 폭이 훨씬 저조하다는 점이다.

이것이 날마다 작용하는 수급의 법칙을 이러한 시장 지수로 분석하는 방법이다. 상세하게 설명했다. 중요하기 때문이다. 그런데도, 이를 배우려고 시간을 들이거나 이해하는 사람이 거의 없다.

이것은 왜 중요한가? 간단하다. 시장 움직임을 해석하는 방법을 모를 경우, 당신은 훨씬 더 많은 돈을 잃게 될 것이다. 확실한 매도 기회를 놓쳐버리기 때문이다. 6번, 7번, 8번 지점은 1990년 시장 정점 시기의 마지막 누적매도 기간이다. 그 후 다우 지수는 22%

하락하며 약세장으로 전환했다. 이 8일을 지켜본 사람이라면 누구나 주식을 일부 매도했을 것이다. 다음 랠리가 나타나려다가 두 차례 실패로 돌아갔을 때, 사람들은 매도량을 더 늘렸을 것이다. 나는 1990년 8월 1일까지 이 시장에서 완전히 빠져나와 심각한 손실을 피했다.

10월에 랠리가 시도된 지 다섯 번째 만에 비로소 적절한 '반등 지속 지점follow-through'이 나타나는 첫째 날이 올 때까지는 모든 랠리 시도가 실패했다. 그때 즈음에는 안전해져서 다시 시장에 진입해 매수를 시작했다.

요점 정리

- 주식을 매수하고 매도하는 시기를 아는 것은 중요하다.
- 시장이 정점에 도달한 시점을 찾는 방법을 익히는 것은 매우 중요하다. 우리가 투자하는 네 종목 중 세 종목은 얼마나 '좋은 주식이냐'와는 상관없이 결국엔 전체 시장 추세를 따라갈 것이기 때문이다.
- 2~3주 이내에 4~5일의 누적매도가 일어난 후에는, 전체 시장이 대체로 하락하게 된다.
- 누적매도란 거래량이 증가한 상태에서 지수가 하락 마감하거나, 전날보다 거래량이 더 늘어난 상태에서 지수가 선제적으로 주춤거리는 시도를 하는 경우를 말한다. 이때, 당신의 포트폴리오에 있는 주식을 살펴보고 해당 주식들을 줄이거나 매도해야 함을 나타내는 개별 매도 신호를 찾아보라.

시장이 저점에 도달한
시점을 파악하는 법

윌리엄 오닐은 시장에 재진입할 가장 적당한 시기는 시장이 다시 상승하기 시작하는 시점에서 조정이나 약세 주기가 나타난 다음이라고 지속적으로 강조한다. 이렇게 할 수 있으려면 반드시 시장 저점을 파악할 수 있어야 한다. 제14강에서 윌리엄 오닐은 시장 저점을 알아내기 위해 찾아야 할 신호를 다룬다.

Lesson 14

How to Spot
When the Market Bottoms

시장이 반등하는 시기를 정확히 아는 것이 정말 중요한가?
—

약세장은 공포, 불확실성을 일으키고 자신감을 떨어뜨린다. 주식이 바닥을 치고 다음 강세장을 시작하기 위해 반등할 때, 대다수 사람은 이를 쉽게 믿지 않는다. 사람들은 망설이고 두려워한다. 왜일까? 대부분의 신규 투자자들, 심지어 전문가들마저 자신이 입은 손실을 여전히 곱씹고 있기 때문이다. 손절매 시스템이 없거나 전체 시장 움직임을 해석하지 못한다면 대다수 사람은 시장이 조정받는 동안 돈을 잃고 상처를 입는다.

다음 시장 주기에 등장할 이기는 주식들이 생애 주기를 시작할 준비를 하는 바로 그 순간에, 투자자들은 여전히 얼어붙어 있다.

두려운 데다, 따르고 있는 어떤 시스템이나 일련의 건전한 규칙도 없기 때문이다. 그래서 그들은 자신의 감정과 개인 견해에 의존한다. 하지만 그런 것들은 시장의 주요 저점 같은 중대한 전환점에서 전혀 가치가 없다. 시장이 알려주는 견해야말로 따를 가치가 있는 단 하나의 의견이다.

그러면 시장이 바닥을 치고 신규 강세장 주기에 들어설 준비가 되었다는 시점은 어떻게 알 수 있을까? 1998년에 다우 지수가 어떻게 바닥을 쳤는지 137페이지와 138페이지의 차트를 통해 설명하겠다. 또한 139페이지와 140페이지의 차트에서는 지난 20년 동안의 주요 시장 저점 사례들을 다루었다. 이것들을 주의 깊게 연구하라. 잘 익히고 이해한다면 더 나은 성과를 얻을 수 있을 것이다.

시장이 확실히 반등하는 시기는 어떻게 알 수 있는가?
—

시장이 하락하는 도중에 어느 시점에서 지수가 반등이나 랠리를 시도할 것이다. 약세장에서는 일반적으로 두세 번쯤 출렁거리곤 한다. 가짜 랠리가 몇 번 일어나기 때문이다. 이런 랠리는 1주, 2주 혹은 3주, 어떨 때는 5~6주 이상 지나면 흐지부지되고 만다.

거의 모든 주식이 폭락해 헐값에 팔아치우고 나쁜 뉴스가 잔뜩 쏟아진 뒤 시간이 흘러가면, 시장은 실제 지지선을 찾아낸다. 이렇게 시도된 랠리 중 하나는 마침내 진짜 힘을 드러내는 '반등 지속 지점Follow-throughs'을 보여주게 되는데, 이는 전날보다 거래량이 껑충 뛴 채 1% 이상 상승 마감하는 지수(다우, S&P 500, 나스닥 종합 중 하나)로 나타난다(139, 140페이지 차트 참고).

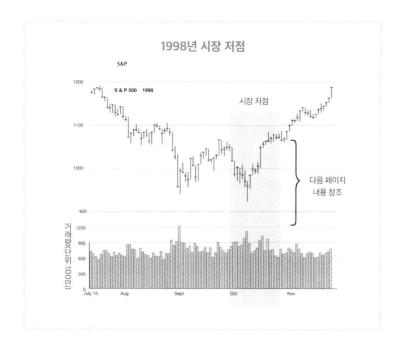

1998년 시장 저점

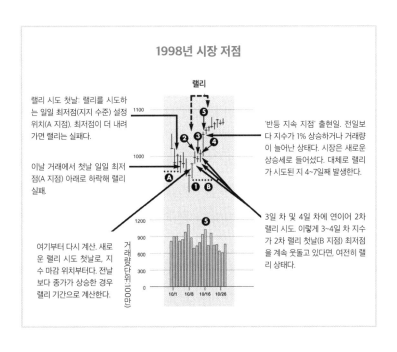

랠리

랠리 시도 첫날: 랠리를 시도하는 일일 최저점(지지 수준) 설정 위치(A 지점). 최저점이 더 내려가면 랠리는 실패다.

이날 거래에서 첫날 일일 최저점(A 지점) 아래로 하락해 랠리 실패.

여기부터 다시 계산. 새로운 랠리 시도 첫날로, 지수 마감 위치부터다. 전날보다 종가가 상승한 경우 랠리 기간으로 계산한다.

'반등 지속 지점' 출현일. 전일보다 지수가 1% 상승하거나 거래량이 늘어난 상태다. 시장은 새로운 상승세로 들어섰다. 대체로 랠리가 시도된 지 4~7일째 발생한다.

3일 차 및 4일 차에 연이어 2차 랠리 시도. 이렇게 3~4일 차 지수가 2차 랠리 첫날(B 지점) 최저점을 계속 웃돌고 있다면, 여전히 랠리 상태다.

거래량(단위:100만)

윌리엄 오닐의 이기는 투자

약세장 추이

('반등 지속 지점' 출현일이였던) 전일에 비해 거래량이 증가한 가운데 나타나는 주요 지수의 1% 상승은 언제나 약세장 저점에서의 방향 전환을 확인해준다.

자료: 인베스터스 비즈니스 데일리

약세장 추이

('반등 지속 지점' 출현일이였던) 전일에 비해 거래량이 증가한 가운데 나타나는 주요 지수의 1% 상승은 언제나 약세장 저점에서의 방향 전환을 확인해준다.

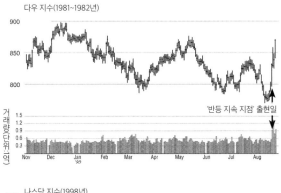

다우 지수(1981~1982년)

'반등 지속 지점' 출현일

나스닥 지수(1998년)

'반등 지속 지점' 출현일

자료: 인베스터스 비즈니스 데일리

랠리 첫날이나 이틀날에는 시장이 엄청난 에너지를 품고 있다는 게 많이 드러나지 않는다. 따라서 그런 시기에는 움직이지 않는 게 최선이다. 그 랠리는 아직 제대로 입증되지 않았고 여전히 가짜일 수도 있다. 시장은 종종 하루나 이틀 동안 뒷걸음질 치기도 하지만 시장 저점이나 지지선 수준을 웃돈다. 그 랠리의 지지선은 해당 랠리 첫날의 최저 거래가다. 시장이 또다시 분명하게 어마어마한 힘을 보여준다면, 당신은 유효한 '반등 지속 지점'을 찾게 된다. 그렇지 않다면 시장의 방향성 전환을 확인한 것으로 알아두면 된다. 이것은 대개 랠리가 시도된 지 4일에서 7일 사이에 일어난다. 10일 후에 등장하는 '반등 지속 지점'은 반등이 나타난 것일 수도 있지만 다소 약하다는 것을 의미한다.

나는 매일 〈인베스터스 비즈니스 데일리〉의 '전체 시장&섹터' 페이지에 나오는 다우존스 지수, S&P 500 지수, 나스닥 종합 지수를 확인한다. 초기 '반등 지속 지점'은 이 지수들 가운데 하나에서 나타날 수 있으며 일반적으로 그로부터 며칠 후에는 다른 지수에서도 나타난다. 나는 전체 시장 지수를 주의 깊게 추적하는 이러한 방법으로 새로운 강세장이 시작하는 시점을 놓쳐 본 적이 없다.

약 20% 정도는 허위 매수 신호일 수도 있는데, 이는 며칠 후 쉽게 인지할 수 있다. 대체로 시장이 대규모 거래량을 보이며 즉각적으로 현저하게 하락하기 때문이다.

허위 신호가 나타나는 이유는 무엇일까? 이 방법을 알고 있는 대규모 기관투자자들은 다우 지수에 포함된 몇몇 주식이나 나스닥의 일부 대형 선도주들을 좋은 가격에 포트폴리오에 담을 수 있다. 아울러 특히나 시장이 그날 좋아 보이는 몇몇 뉴스에 상승하기까지 하면, 그날은 유효한 '반등 지속 지점'이라는 잘못된 인상을 남길 수 있다. 그러나 대부분의 진짜 '반등 지속 지점'은 대개 '반등 지속 지점' 다음 날이나 며칠 후에 괜찮은 거래량과 함께 강한 상승 움직임을 나타낼 것이다. 어쨌든, 당신이 살펴보아야 하는 것은 확실한 힘과 그 힘의 강도다.

시장은 대개 뉴스 내용을 실제보다 적게 반영하고, 경제 상황은 최대 6개월 선행해 움직인다. 그러니 뉴스에 대한 당신의 생각을 바탕으로 투자 결정을 내리지 말라. 전체 시장 지수가 하락세에서 최종적으로 방향을 전환하는 시기와 방법을 객관적으로 살펴보면서 결정하라. 시장이 틀리는 경우는 거의 없다. 하지만 사람들의 생각과 두려움은 자주 빗나간다.

투자자들은 '전체 시장&섹터' 페이지에서 무엇을 먼저 살펴봐야 하는가?

—

나는 가장 먼저 고려할 사항으로 3대 주요 지수와 〈인베스터스 비즈니스 데일리〉의 뮤추얼 펀드 지수 매일 확인하기를 우선적으로 꼽겠다. 뮤추얼 펀드 지수는 시장에서 최고의 펀드 매니저들의 성과를 추종하기 때문에 중요하다. 그것은 선도적인 펀드들이 얼마나 더 성과를 잘 내고 있는지 나타내며, 전체 시장 상태에 대한 실마리도 제공해줄 수 있다.

다우, S&P 500, 나스닥, 뮤추얼 펀드 지수 등 이 네 가지 지수 다음으로 중요한 것은 시장의 선도 종목들의 움직임과 행태를 관찰하는 일이다. 선도 종목의 움직임이 정상적인가 비정상적인가? 그들 중 다수가 고점에 이르렀는가? 이런 것들은 정말 필요하지만, 이를 정확하게 알아내기 위해서는 약간의 연구와 경험이 필요하다.

나머지 시장 변수 가운데, 그다음으로 중요한 것으로는 연방준비제도이사회(연준)의 대출금리 변동을 들겠다. 금리는 은행들이 연준으로부터 자금을 빌리는 데 드는 비용이다. 논리적으로 생각하면, 금리 인하는 대출을 장려하고 통화 공급을 확대한다. 반면에 금리 인상은 그 반대다.

금리 인하는 일반적으로 새로운 강세장을 시사할 수 있다. 그러나 이 지표는 시장 지수 변화 해석법을 알아두는 것보다 더 믿을 만하지는 않다. 예를 들면 연준이 금리를 낮추지 않았을 때에도 두 번의 강세장이 있었고, 연준이 금리를 인하했던 세 번의 시기(1957년, 1960년, 1981년)에도 시장은 계속해서 하락했다.

심리 지표는 어떤가? 이런 것 중에서 어떤 게 유용한가?

—

시장에 대한 대중의 의견을 측정하는 몇 가지 심리 지표가 있다. 이것들은 부차적으로 중요하다. 이것들은 시장이 현재 강세장인지 약세장인지에 대한 투자 자문가들의 견해를 보여주는 비율, 그리고 풋옵션 거래량 대비 콜옵션 거래량의 비율이다. '전체 시장& 섹터' 페이지에서 찾아볼 수 있다. 이 지표들은 일반적으로 서로 정반대로 나타난다.

풋옵션-콜옵션 비율을 살펴보자. 주식 옵션 투자자들은 주가 상승이 기대되면 콜을 매수하고 하락할 것으로 추정되면 풋을 매입한다. 그러나 과거 기록을 보면 옵션 투자자들은 시장 방향의 주요 전환점을 맞추지 못했다. 풋-콜 비율은 심각한 약세장일 때 치솟았다. 따라서 그들의 부정적 심리가 과도할 때는 시장 상승을 시사한다.

'전체 시장&섹터' 페이지를 활용하는 다른 방법은 무엇인가?

—

약세장에서 랠리가 시도되는 동안 지수가 반등 시도는 하지만 반등할 힘이 없는 경우, 가끔 살펴볼 가치가 있는 것은 상승/하락

윌리엄 오닐의 이기는 투자

추세선the Advance/Decline Line(당일 주가가 상승한 모든 뉴욕증권거래소^{NYSE} 종목 수에서 하락하는 종목 수를 빼서 산출)이다.

하지만 〈인베스터스 비즈니스 데일리〉의 뮤추얼 펀드 지수도 같은 방식으로 활용될 수 있다. 예를 들어, 1998년 8월에 뮤추얼 펀드 지수는 3일 동안 종가 최저치 부근에서 움직였는데, 그날 다우존스 산업평균 지수는 고점 부근에서 반등을 시도했지만 이내 급락하고 말았다.

나는 평소에 상승/하락 추세선을 보지 않는다. 이 선은 종종 시장이 최종적인 고점에 도달하기도 전에 신호를 너무 빨리 보내곤 하기 때문이다. 이 선은 또한 시장이 실제로는 반등하고 있을 때 어느 저점에서는 틀린 약세 신호를 나타내기도 한다.

제한된 용도로 쓰이는 전체 시장에 대한 여타 대중적인 기술적 분석 지표는 수십 가지나 존재한다. 나는 그런 지표들이 자주 잘못 해석되거나, 틀리거나, 혹은 그냥 혼란스럽게 만든다고 생각한다. 그런데 혼란스러움이란 시장에서 절대 겪어서는 안 되는 것이다.

나는 위에서 언급된 것 중에 주요 지표 몇 개에는 문제가 있다고 생각한다. 내가 수년간 연구하고 경험한 것을 바탕으로 볼 때, 과매수/과매도 지표, 전체 신고가 종목 수 대비 신저가 종목 수, 거래량 증감 또는 거래량 균형, 매수 강도 대비 매도 압력, 이동 평균선, 추세선은 시간 낭비이며 불필요한 혼란만 일으킨다. 이 지표들은 당신을 잘못된 경로로 이끌어 많은 돈을 날리게 할 수 있다.

시장 저점과 다음번 새로운 강세장을 정확하게 파악하는 방법을 배우는 데 동기부여가 더 필요한가? 새로운 강세장의 첫 10~15주 동안에는 큰 수익을 안겨주는 새로운 이기는 주식들이 출현한다. 시스코 시스템즈는 1990년 약세장 저점을 벗어나 새로운 패턴을 그리며 등장하더니 15,650%나 껑충 뛰었다. 프랭클린 리소스는 1984년 약세장에서 확 치고 나가 14,900%나 되는 상승률을 기록했다. 1982년 9월 홈디포는 당시에는 회사명도 생소한 종목이었는데, 주가수익비율PER 58배에 20달러였던 주가로 시작해 37,900%나 치솟았다.

월마트는 1980년 20%의 시장 급락이 마무리되자 13,300% 이상 급등했다. 나는 1976년 말에 피크 앤 세이브Pic 'n' Save(미국의 초저가 유통업체-옮긴이)를 매수하기 시작해 7년 반 동안 보유했는데 20배나 상승했다. 이 종목은 실제로 1978년 약세장 저점에서 벗어났다. 그리고 다른 종목 중에 프라이스사는 1982년 약세장 저점에서 즉시 벗어나며 3년 반 만에 10배나 뛰었다.

좀 더 최근으로 오면, 1998년 10월에 나는 AOL(미국의 인터넷 서비스업체-옮긴이)과 찰스 슈왑(미국의 온라인 증권사-옮긴이)을 매수했다. AOL은 '피봇' 또는 매수 지점에서부터 456% 올랐으며 찰스 슈왑은 313% 상승했다. 시장이 마침내 반등하면서 유효한 매수 신호를 보낼 때 생기는 어마어마한 신규 투자 기회는 절대로 놓쳐서는 안 된다.

미국에서는 사업 기회가 계속 돌고 돌면서 나타난다. 그러니 낙담하지 말라. 만일 시장이 한 방 먹여 당신이 약간 좌절을 겪더라도, 괜찮다. 당신이 무엇을 잘못했는지 연구하고, 거기에서부터 배워보라. 더 나은 매수와 매도 규칙을 만들어보라. 그리고 새로운 강세장이 시작할 때 놓치지 말라. 만약 당신이 준비되었고 〈인베스터스 비즈니스 데일리〉도 여전히 읽고 있다면, 새로운 시장 주기가 시작될 때 평생의 기회가 바로 눈앞에 있을 것이다.

요점 정리

- 약세장은 공포와 불확실성을 일으킨다. 주가가 바닥을 치고 기회를 탑재한 상태로 다음 강세장을 시작할 때, 대대수 사람은 이를 쉽게 믿지 못한다.
- 하락하는 도중에 어느 시점에서는 지수가 반등 또는 랠리를 시도하게 된다. 랠리란 주식이나 전체 시장이 하락세를 보인 후 반등하면서 상승을 시도하는 것이다.
- 약세장에서는 일반적으로 출렁이는 현상이 두세 번 나타난다. 이런 현상은 2~3주, 어떨 때는 5~6주 이상 지나면 흐지부지되는 몇 번의 '가짜' 랠리 시도 때문에 일어난다.
- 최종적으로, 랠리 중 하나는 '반등 지속 지점'이 된다. '반등 지속 지점'은 전날보다 거래량이 크게 늘어난 상태에서 주요 지수 중 하나가 1%

이상 상승 마감할 때 출현한다. 이에 대한 확인은 대개 랠리가 시도된 지 4일에서 10일 사이에 가능하다.

- 다우, S&P 500, 나스닥 지수와 IBD 뮤추얼 펀드 지수는 시장 상황을 분석하고 고점 또는 저점이 나타났는지 여부를 파악하는 데 가장 좋은 자료다. 또한, 선도주들이 어떻게 움직이는지 관찰하는 것도 시장 고점의 또 다른 지표가 될 수 있다.
- 대부분의 기술적 시장 지표는 거의 볼 만한 가치가 없다. 다만, 풋옵션-콜옵션 비율 같은 심리 지표는 시장의 방향 변화를 확인하는 데 도움이 될 수 있다.

제15강

주식을 선택할 때
고려할 요소들

제15강에서 윌리엄 오닐은 주식을 매
수하기 전에 그 주식을 철저하게 평가하는 방법을 알려준다.

Lesson 15

Putting the
Stock-Picking Puzzle Together

나에게는 주식을 고르는 수많은 규칙이 있다. 이 규칙들은 1953년 이후 해마다 성공적인 모든 기업의 광범위한 모델을 연구한 결과에서 나온 것이다.

내 방법의 60%는 기본적 분석에 집중하는 것이다. 독특한 신제품이나 뛰어난 서비스를 보유한 진짜로 훌륭한 기업들만 매수하고 싶기 때문이다. 나는 진정한 시장 선도기업, 특정 분야의 1위 기업, 경쟁업체보다 우수하거나 경쟁업체가 거의 없는 기업을 찾고 있다. 현재 상승세인 시장에서 자산을 운용하려 한다면 다음과 같은 요소들을 고려해야 한다.

1 해당 기업의 최근 분기 주당순이익EPS은 적어도 25% 증가했는가? 이

익 증가율은 최근 분기와 비교해 증가세가 빨라지고 있는가? 최근 6~12개 분기 중에 이익 규모가 50%나 100%, 심지어 200% 이상 확대됐는가? 다음 분기 이익 추정치 컨센서스(기업에 대한 증권사들의 실적 추정치 평균-옮긴이)는 상당한 규모로 높아졌는가? 지난 몇 분기 동안의 이익은 예상치보다 높았는가? 성장주인 경우, 지난 3년간의 이익은 매년 평균 25% 이상 증가했는가? 해당 기업의 EPS 등급은 80 이상인가?

2 실적 반등형turnaround 주식인 경우, 높은 이익 증가가 2개 분기 동안 나타났는가? 아니면 1개 분기의 이익이 매우 높아져 12개월 기준 EPS가 해당 기업의 과거 EPS 최고치만큼 올라갔는가? 만약 2개 분기 이상 실적 반등이 나타난 경우, 최근 12개월 기준 이익은 지난 몇 년간의 이익 최고치와 비슷한 수준이거나 그 이상인가? 향후 2년 동안의 이익 추정치 컨센서스는 얼마인가?

3 해당 기업은 최근 6~12분기 동안 매출액 성장세가 강했는가? 그리고 최근 몇 분기 동안의 성장률이 점점 높아지고 있는가?

4 최근 분기의 세후 이익은 한계에 도달했는가, 아니면 최고치에 근접했는가? 이익 폭이 개선되는 일반적인 추세는 여러 분기 동안 이어졌는가? 해당 기업의 이익은 업계 최고 수준인가?

5 연간 세전 이익률은 18% 이상인가?(소매유통업체라면 이익이 더 낮아도 상관없다.)

6 자기자본이익률ROE이 20~50% 이상이면서 해당 ROE는 업계 최고 수

준인가?

7 해당 기업의 매출액, 이익 폭, ROE 등급이 모두 A 또는 B인가? 그렇다면 해당 기업은 매출액 증가, 세전 이익 및 세후 이익, ROE 측면에서 전체 종목 중 상위 40%에 들어갈 것이다.

8 해당 기업 경영진이 자사 주식을 보유하고 있는가?

9 해당 주식은 가격대가 양호한가? 나스닥 주식은 16~150달러, NYSE 주식은 20달러 이상이면 주가가 양호하다. 명심하라. 시스코 시스템즈, 월마트, 마이크로소프트, 피플소프트, 암젠과 같은 진정한 선도주들은 수년 전 어마어마한 주가 상승을 하기 전에는 주당 30~50달러에서 움직이다가 초기 차트 패턴을 벗어나 급등했다. 주가는 기본적으로 우량한 정도를 반영한다. 우량주는 싼값에 거래되지 않는다.

10 해당 주식은 유통, 컴퓨터 및 기술, 의약품 및 의료, 레저 및 엔터테인먼트 등 역사적으로 이기는 산업군에 속하는가? 해당 주식은 현재 상위 5대 산업군 중 하나인가? 상위 5대 산업군의 해당 산업군 페이지에서 '52주 신고가 및 신저가' 부문('신고가' 목록)을 확인하라.

11 〈인베스터스 비즈니스 데일리〉의 '산업군' 페이지에 나오는 조그마한 지수 차트가 현재 시장이 대형주 또는 소형주를 선호한다는 것을 나타내는가? 추세에 발을 맞추고 현재 시장 추세에 역행하지 않는 게 좋다.

12 시장이 선호하는 경제 섹터는 무엇인가? 소비재인가 아니면 첨단기술인가? 성장업종이나 경기순환업종(산업 주기에 따라 오르락내리락하는 주식)인가? 아니면 경기방어업종(식품, 유틸리티 및 그 밖의 일상용품)인가? 신

규 상장 기업인가 아니면 더 오래된, 더 자리 잡힌 기업인가?

13 해당 기업의 제품은 새로운 기술로 비용을 줄여주거나 문제를 해결해 주거나 아니면 시간을 절약해주는가? 혹은 신약이나 새로운 의료 기법 인가? 그것은 두루 필요하거나 인기가 있는가? 반복적인 판매가 권장 되는 제품인가?

14 해당 기업의 미완성 주문 재고가 확대되고 있는가? 해당 기업의 생산 능력은 몇 퍼센트나 가동되고 있는가? 해당 기업의 향후 증설 예상 비 율은 얼마인가?

15 똘똘하고 실적도 좋은 뮤추얼 펀드 중 한두 곳이 최근에 해당 주식을 매수했는가? 이것은 간접적이지만 기본적인 상호 점검 방법이다. 투자 를 잘하는 기관들이 매수하기에 앞서 광범위하게 조사했을 것이기 때 문이다.

16 해당 기업의 사업을 정말로 이해하고 좋다고 생각하는가? 해당 기업의 제품이나 서비스를 살펴보았거나 이용해본 적이 있는가? 해당 기업에 대해 알면 알수록 더욱더 확신하게 될 것이다.

진짜로 훌륭한 기업을 마주하게 되었다면, 이제 나머지 40%는 기술적 분석과 투자 시점 분석으로 결정해야 한다. 이때는 둘 다 필요하다. 둘 중 하나만 있어도 되는 게 아니다. 메이저리그 투수 는 괜찮은 직구 하나만 던질 줄 아는 것만으로는 부족하다. 메이저 리그 투수라면 커브, 체인지업도 던질 수 있어야 하며, 무엇보다도 뛰어난 제구력과 멘탈도 필요하다. 성공적인 투자자도 이와 마찬가지로 하나 이상의 투자 도구가 필요하다.

1 데일리 그래프Daily Graphs 또는 데일리 그래프 온라인Daily Graphs Online과 같은 일일 차트 서비스를 확인하라(현재는 '마켓스미스'로 업그레이드됨-옮긴이). 기대를 걸고 있는 종목 중에 어느 것이 올바른 패턴을 형성하고 있으며 누적매수accumulation(전문기관 매수)가 있는지 확인하기 위한 것이다. 이런 것들은 또한 적절한 매수 시점에 근접해 있어야 한다.

주간 단위로 주가와 거래량 움직임을 분석하라. 주식 매수에 들어갈 가격을 적어보라. 초기 매수 후, 주식의 성과가 계속 괜찮다면 추가 매수로 소량을 더 사들일 가격 범위를 파악하라. 나는 대체로 처음 매수했을 때보다 주가가 2.5~3% 상승하면 추가 매수한다.

만약 주식이 최초 매수 가격에서 정확히 8% 미만으로 하락할 경우, 현재 시장 가격에서 매도해 더 큰 손실로부터 스스로를 보호하라. 이 손절매 규칙은 궁극적으로 당신이 심각한 골칫거리를 피할 수 있게 해줄 것이다.

2 해당 종목이 정상적인 패턴에서 이탈하여 매수를 시작하는 날에는 거래량이 50% 이상 증가해야 한다.

3 차트 패턴은 '손잡이 달린 컵', '이중 바닥' 또는 '수평 구간'인가? 이들 중 어떤 패턴도 아니면, 잘못되거나 실패할 수 있다.

4 상대적 주가 강도 등급은 80 이상인가? 그리고 차트에서 상대적 강도

선은 확실한 상승 추세인가?

5 포트폴리오 관리: 가장 성과가 좋은 종목을 추가 매수하고 가장 부진한 종목은 계속 줄이거나 매도해보라. 그리고 명심하라. 신저가에 근접하거나 신저가 상태인 주식보다는 정상적인 기준 패턴을 보이면서 신고가에 근접한 주식이 훨씬 좋다.

6 해당 종목이 수년 동안의 장기 패턴에서 벗어나 상승하고 있는지 장기 월간 차트를 확인해 보라.

요점 정리

- 당신이 일단 상승 추세인 시장에서 투자하는 것으로 판단될 경우, 우량주를 골라내야 한다.
- 이기는 주식이 될 유망종목은 이익 성장 및 매출액 성장, 이익률 증가, 높은 ROE(17% 이상)를 지닐 것이다. 이런 종목들은 또한 선도적인 산업군에 속해 있어야 한다.
- 〈인베스터스 비즈니스 데일리[IBD]〉의 단독 데이터 및 IBD 스마트셀렉트™ 기업 등급은 이기는 주식 선별에 도움이 될 것이다.

<인베스터스 비즈니스 데일리>에서
새로운 투자 아이디어 찾는 법

<인베스터스 비즈니스 데일리>는 흔한 경제신문이 아니다. 훌륭한 리서치 도구다. 윌리엄 오닐은 <인베스터스 비즈니스 데일리>를 활용해 투자 아이디어를 찾는 방법을 알려준다.

Lesson 16

How to Find New Investment Ideas in Investor's Business Daily

<인베스터스 비즈니스 데일리>를 볼 때 어디부터 보면 좋은가?

–

먼저 S&P 500과 다우존스 지수의 전일 마감 수치, 나스닥과 뉴욕증권거래소^{NYSE} 거래량 등이 간단히 요약된 '시장^{The Markets}' 부분을 훑어보아야 한다. 매일 첫 페이지에 다 나온다. 이렇게 하면 전체 시장 움직임을 빠르게 파악하는 데 도움이 될 것이다. 첫 페이지의 'IBD 톱 10' 기사들과 A2 페이지의 '주요 뉴스^{To the Point}'는 바쁜 독자들에게 그날의 모든 주요 비즈니스 뉴스를 재빨리 시간을 아끼며 살펴볼 수 있도록 구성됐다. 특히 조간신문을 읽을 시간이 없는데 간밤에 나온 뉴스는 식상하다면 살펴볼 만하다.

다음으로, '새로운 미국The New America' 페이지는 따로 떼어서 저장할 수 있다. 이 페이지에는 흥미진진하고 기업가정신으로 무장한 새로운 기업에 관한 기사가 실려 있다. 원래 이 페이지는 주식시장의 이기는 종목 다수를 정리해 둔 곳이다. 시장에서 기술 섹터가 호조일 때, 〈인베스터스 비즈니스 데일리〉의 '컴퓨터&기술Computers&Technology' 페이지는 당신이 해당 업계의 최고 기업들을 계속 보유할 수 있도록 도움을 줄 것이다.

NYSE 및 나스닥 주요 주식 표 앞쪽에 있는 네모 칸의 'IBD 스마트셀렉트™ 기업 등급 활용법'을 꼭 읽어보라. 이것은 필독해야 한다. 이를 통해 부실한 종목을 걸러내고 최고의 시장 선도 종목을 선별하는 〈인베스터스 비즈니스 데일리〉의 모든 측정 수치를 보다 효과적으로 활용하고 이해할 수 있게 해줄 것이다.

IBD 스마트셀렉트™ 기업 등급은 5가지 등급으로 구성되어 있다. 첫 번째는 주당순이익EPS 등급이고, 두 번째는 상대적 주가 강도RS 등급이다. 이 두 등급은 1부터 99까지 상대적 수치로 표시되는데, 가장 좋은 수치는 99다. EPS 등급과 RS 등급은 일반적으로 둘 다 80 이상이어야 한다. 둘 중 하나는 높고 하나는 낮으면 곤란하다. 이는 지난해에 중요한 이익 성장 이력과 상대적 주가 움직임 면에서 해당 주식이 최소한 전체 주식 중 상위 20%에 든다는 것을 나타낸다.

세 번째는 산업군 상대적 강도 등급the Industry Group Relative Strength

Rating이다. 지난 6개월 동안 해당 종목의 소속 산업군 주가 움직임을 평가한다. 선도 그룹 및 섹터에 속한 주식을 꾸준히 매수한다면 성공할 가능성이 더 높을 것이다.

네 번째는 '매출액+이익률+ROE(SMR: Sales+Marin+ROE)' 등급이다. 네 가지 기본적 측정 수치(매출액 증가, 세전/세후 이익률, ROE)를 간단하게 볼 수 있도록 하나의 등급으로 묶어놓은 것이다.

다섯 번째 등급은 누적매수/누적매도 등급the Accumulation/Distribution Rating이다. 최근 13주 동안 전문기관이 해당 종목을 매수 또는 매도하는지 여부를 파악한다.

뒤의 세 가지 등급은 활용하기 쉬운 A~E 단계로 제공된다. 산업군 상대적 강도 등급 및 SMR 등급의 경우, A는 시장 상위 20%, B는 시장 상위 40%를 표시한다.

누적매수/누적매도 등급의 경우 A~E 단계의 의미가 약간 다르다. A 또는 B는 전문기관의 강한 매수 또는 중간 수준 매수를 나타낸다. C는 중간 수준의 매매량을 표시한다. D 또는 E는 중간 수준 매도 또는 강한 매도를 나타낸다.

〈인베스터스 비즈니스 데일리〉의 등급과 주식 표는 투자자가 어떻게 활용해야 하나?
—

EPS 등급과 RS 등급이 둘 다 70보다 낮은 기업은 피해야 한다. 등급이 더 높은 종목에 아마 훨씬 더 좋은 선택지가 있을 것이다. 마찬가지로, 어느 종목에 D나 E가 두 개 있는 경우에도 더 나은 다른 종목이 있을 것이다. 최고의 기업들은 아마도 세 가지 등급 모두에서 최소한 B를 나타낼 것이다.

나는 매일 NYSE와 나스닥의 주요 수치들을 훑어보고, (당일 주가가 1달러 이상 상승하거나 신고가를 기록한) 굵은 글씨로 적힌 종목들, 해당 기업명, 종가, 전일 대비 변동폭, 거래량 변동비율 등을 모두 살펴본다. 더 연구하고 싶은 흥미로운 종목명에는 동그라미로 표시를 해놓는다. 매일 이렇게 훑어보면 중요한 주식 움직임을 전부 파악할 수 있다.

매일 '산업군' 페이지에서 '52주 신고가&신저가' 특집('신고가 주식' 목록)도 확인해야 한다. 현재 시장에 나와 있는 5대 산업군 중 가장 강한 종목을 선별하기 위한 것이다. 또한, 〈인베스터스 비즈니스 데일리〉의 실적 부분에 있는 '베스트 업Best Ups' 목록은 대규모 이익 성장을 발표한 기업을 찾아내기 좋다.

NYSE와 나스닥 주식 표의 앞에 나오는 '대규모 자금 흐름Where the Big Money's Flowing' 목록도 매일 살펴봐야 한다. 이것들은 거래량이 대폭 늘어나며 해당일에 등락한 우량 기업들을 보여주는 정교한 화면이다. 비정상적인 거래량은 대규모 기관 자금이 어떤 종목에 들어오거나 나가는 것을 나타낸다. 주요 뮤추얼 펀드가 새로운 포지션을 취했을 수 있는 종목에 대한 자세한 정보의 경우, 나는 매일 〈인베스터스 비즈니스 데일리〉의 '뮤추얼 펀드' 페이지에 나오는 막대형 차트를 살펴본다.

〈인베스터스 비즈니스 데일리〉에 나오는 소규모 주식 차트는 어떤가?

—

나는 인베스터 비즈니스 데일리지의 NYSE 및 나스닥 주요 섹션에 있는 '뉴스 속의 종목Stocks in the News'의 미니 차트를 훑어본다. 이것은 신고가를 경신했거나, 신고가에 근접하는 종목, 아니면 대규모 거래량 증가가 있는 종목들을 보여주는 주간 주가 차트다. 나는 정상적인 주가 패턴을 보이는 종목에 동그라미로 표시한다(정상적인 차트 패턴 예시는 제9, 10, 11강 참조).

그런 다음 이러한 기업 중 일부에 대해 추가 조사를 하며, 〈인베스터스 비즈니스 데일리〉에서 찾아낸 잠재적 유망종목들을 매수할 만한 적당한 시기인지 알아보기 위해 차트 서비스를 활용한다. 종합 차트 서비스인 '데일리 그래프Daily Graphs®(현재는 '마켓스미스'로 업그레이드됨-옮긴이)'도 있다.

매주 금요일에 발행되는 '주말 리뷰Your Weekend Review'도 놓쳐서는 안 된다. EPS 등급과 상대적 주가 강도 등급이 모두 85 이상인 주식 전체(전체 시장의 상위 15%)를 실질적으로 추출한 목록이다. 이 목록은 산업군 성과 순서대로 나열된다. 상위 산업군에서 가장 좋은 주식을 빠르게 선별하는 데 도움이 된다. 또한 매주 금요일에는 이러한 28개 종목에 대한 도표를 볼 수 있다.

요점 정리

- 일반적으로 EPS 등급과 RS 등급이 둘 다 70보다 낮은 종목은 피해야 한다. 마찬가지로, 해당 종목에 D나 E가 두 개 있다면, 더 나은 다른 종목을 찾는 게 낫다. 최고의 기업들은 아마도 세 가지 등급에서 전부 최소한 B를 나타낼 것이다.
- 주식 표에서 굵은 글씨로 적힌 종목명을 찾아보라. 이것은 주가가 하루 동안 1달러 이상 올랐거나 신고가를 기록했다는 것을 나타낸다. 이는 더 연구할 만한 괜찮은 출발점이 될 수 있다.
- 차트 서비스를 활용하면 〈인베스터스 비즈니스 데일리〉에서 찾아낸 잠재적인 유망종목을 매수할 만한 적당한 시점을 알아볼 수 있다.

제17강

성장 투자 vs.
가치 투자

큰 틀에서 보자면 투자자 유형은 성장주 투자자와 가치 투자자로 나눌 수 있다. 이 두 유형의 투자자들은 각자가 최고의 투자 방식을 대표한다면서 맞붙곤 한다.

Lesson 17

Growth vs.
Value Investing

성장 투자와 가치 투자의 차이점은 무엇인가?

—

성장주 투자자들은 일반적으로 최근 3년 또는 5년 동안 해마다 20% 이상 꾸준한 이익과 매출액 성장을 보이는 기업을 찾는다. 1990년대에는 셰링-프라우, 페이첵스, 시스코 시스템즈, 마이크로소프트 같은 기업들이 성장주로 여겨졌다. 성장주의 주가수익비율PER은 대개 평균적인 종목의 PER보다 높다. 이는 성장주들이 평범한 이익 성장 그 이상의 훌륭한 기록을 올리기 때문이다.

일반적으로 성장주는 뛰어난 수익률과 최소한 17~50%의 자기자본이익률ROE을 창출하는 고품질의 반복 소비형 제품 또는 서비스를 보유하고 있다. 아울러 향후 1~2년 동안의 이들 종목에 대한 컨센서스 이익 추정치도 상당히 높다.

반면에 가치 투자자들은 저평가되었다고 생각하는 주식을 찾아다닌다. 이들은 기업의 대차대조표와 손익계산서를 평가해, 현재 시장가치보다 낮게 평가되어 있는 이례적으로 큰 규모의 현금이나 장부상 자산 등 숨겨진 가치의 징후를 찾는다.

가치 투자자들은 할인 중인 종목을 찾아내 PER이 낮은 주식이나 장부 가치보다 저렴한 주식을 매수하고 싶어 한다.

이들은 저렴한 가격에 사업권^{franchise}을 사들이고자 한다. 가치 투자자들은 시장이 해당 종목의 가치를 인정해 주가가 상승할 때까지 기다려야 한다. 이러한 방식은 대체로 시간이 꽤 많이 걸리며, 가끔은 주가 상승이 전혀 이뤄지지 않을 때도 있다.

PER이 낮은 주식을 매수하는 것이 일반적인 관행인 듯하다. 싸구려는 별로 안 좋지 않나?
—

일반적으로 주식시장은 대다수 주식이 실제 가치를 반영한 가격 언저리에서 팔리는 자유 경매장이다. 다시 말해서, PER이 10배인 종목은 이익의 10배, PER이 35배인 종목은 이익의 35배라고 할 수 있다. 주가 또는 PER이 상승하거나 하락하는 경우는, 실적 발표 시 지속적인 개선이나 악화로 인한 것이다.

따라서 PER이 낮다고 해서 어떤 주식을 싸구려라고 하는 것은 정말 잘못된 일이다. 반대로 PER이 높은 주식이 지나치게 비싸다고 하는 것 역시 잘못된 것이다. 쉐보레 자동차 가격으로는 메르세데스 벤츠를 살 수 없으며, 안타 200개짜리 타자의 연봉으로는 야구 홈런왕 마크 맥과이어를 데려올 수 없다.

뿌린 만큼 거둔다는 말은 진리다. 업계 최고의 기업은 거의 언제나 해당 산업군 평균보다 훨씬 높은 PER로 거래된다.

우리는 1990년대에 암젠, 시스코 시스템즈, 마이크로소프트, 아메리카 온라인, 어센드, EMC, 피플소프트 같은 모든 뛰어난 종목들의 모델을 구축했다. 500~1,000%나 치솟았던 이 종목들의 상승 초반 PER은 평균 31배였다. 이들 선도주 대다수는 평균적으로 PER이 70배 초반까지 높아졌다. 주가가 어마어마하게 뛰어서였다.

가치 투자자는 이 기업들이 최고의 수익률을 나타냈던 기간에 이 뛰어난 기업들을 모두 놓쳤을 것이다. 내가 보기에 주식 선택 도구로서 PER은 잘못 활용되고 있으며, 오해도 받고 있고, 제대로 평가되지도 않았다. 이익과 매출액의 성장은 거의 모든 주가 상승의 펀더멘털 요소다.

당신이 개별 종목 투자를 선택했지만 전문 투자자가 아니라면, 가치 투자 방식을 피하고 최고의 성장기업에 투자하는 법을 배우는 게 낫다. 매출액, 이익, 이익률, ROE에서 특정 산업을 선도하는 기업을 매수하라. 경쟁업체들 사이에서 시장 점유율을 확보하고 있는 기업을 매수하라.

뮤추얼 펀드는 어떤가?

―

뮤추얼 펀드 투자자라면 성장주 펀드나 가치주 펀드를 매수해도 좋다. 장기수익률 기록이 비슷하다면 펀드들의 수익률에는 큰 차이가 없을 것이다.

가치 투자자들은 1973년 1월 이후 가치 기록을 바탕으로 가치주 펀드 성과가 더 좋다고 주장한다. 약세장에서는 가치주 펀드가 변동성이 낮고 하락 폭도 덜해서 더 좋아 보인다. 1973~1974년의 약세장 초반부에 그런 비교를 시작하면, 가치주 펀드가 당연히 더 좋아 보일 것이다. 하지만 만일 동일한 비교를 1975년 같은 강세장 초반에 시작한다면, 성장주 펀드의 성적이 가치주 펀드를 능가한다. 일반적으로 성장주 펀드는 상승장일 때 수익률이 더 높다.

어떤 사람들은 더 안전한 기분을 느끼려고 성장주 펀드와 가치주 펀드를 둘 다 보유하기를 선호한다. 사실 나는 우량한 성장주 펀드가 약간 더 좋은 수익률을 올린다고 생각한다. (대기업 종목을 보유한) 대형 성장주 펀드와 (아직 미숙하고 변동성도 크고 리스크는 더 높은) 소형 성장주 펀드 중에서 무엇으로 정하느냐도 중요할 것이다.

진짜 핵심은 (업종별 펀드나 해외 펀드가 아닌) 제대로 된 미국 성장주 펀드를 보유하는 것이다. 이런 펀드는 영원히 보유해야 한다. 펀드 내 자금은 (돈이 저절로 쌓이게끔 하는) 복리의 힘으로 형성된다. 시장 상황에 맞춰 펀드에 들락날락하면서 생기는 게 아니다.

요점 정리

- 성장주 투자자와 가치 투자자라는 두 가지 기본 유형이 있다.
- 성장주 투자자는 이익 및 매출액 성장률이 높고, 이익률이 탁월하고, ROE가 17% 이상인 기업을 찾는다.
- 가치 투자자들은 저평가 상태이면서 PER이 낮은 주식을 찾는다.
- 우리 연구에 의하면, 신생 시장 선도주들은 폭등하기 전에 시장의 나머지 종목들(평균 PER 31배)을 상당한 수준으로 능가하는 PER을 나타낸다.
- 뮤추얼 펀드도 훌륭한 투자 대상이다. 〈인베스터스 비즈니스 데일리〉의 '뮤추얼 펀드' 페이지에서 수익률이 뛰어난 펀드를 골라보라. 또한 뮤추얼 펀드로 성공하는 비결은 매수 후 영원히 보유하는 것임을 명심하라.

24
Essential Lessons
for Investment
Success

만물박사 투자자가
되려 하지 마라

수많은 투자자가 '빨리 부자가 되기'
위해 매우 다양하면서도 대단히 투기적인 방식으로 투자하려고 한다. 제
18강에서 윌리엄 오닐은 제대로 된 투자 전략 하나를 고수하는 게 어째
서 최선인지, 그리고 그렇게 함으로써 어떻게 투자 수익을 극대화할 수
있는지에 대해 다룬다.

Lesson 18

Don't Try to
Be a Jack-Of-All-Trades

당신은 왜 투자 대상을 그저 미국 우량주로만 제한하는가?
다른 수많은 시장과 투자 대상들도 인상적으로 움직이는
데 말이다.

—

투자를 처음 시작하면 엄청난 이익을 올릴 수 있다는 온갖 흥미
로운 기회들에 대해 듣게 된다. 투자 세계의 부비트랩(건드리면 터지
는 위장된 폭탄-옮긴이) 목록에는 해외 주식, 폐쇄형 펀드, 저가 주식,
페니 주식(한국 증시로 치면 '동전주'. 1,000원 미만이어서 동전으로 살 수 있
는 주식이라는 뜻-옮긴이), 옵션, 선물, 금, 전환사채, 정크 본드, 면세
증권, 부동산 공동 투자 등이 있다. 또한 주식 시세 들여다보기와
매일 TV 프로그램에 나오는 요즘 가장 인기 있는 전문가로부터 투

자 조언 듣기도 있다.

그렇다면 나는 당신에게 어떤 조언을 할 것 같은가? 나만의 규칙은 다음과 같다. 단순하고, 기본에 충실하면서, 이해하기 쉬운 투자를 꾸준히 지속하는 것이다. 만물박사가 되려고 하지 말라. 푼돈으로 캐나다 광산 종목 투기하기, 옵션 매수하기, 선물 거래하기, 해외 주식 치고빠지기 등으로 잠시 돈을 벌 수 있을지는 몰라도 커다란 성공을 거둘 수 있는 사람은 아무도 없다. 투자에서 (그리고 인생에서도) 성공의 열쇠는 집중과 열중에 있다. 초보 투자자나 상대적으로 경험이 부족한 투자자들이 위에서 언급한 항목 대부분을 피해야 하는 중요한 이유는, 손실 리스크는 분야를 넓힐수록 점점 커지기 마련이기 때문이다. 그러니 계속 단순하게 투자하라.

미국 주식시장은 세계에서 규모가 가장 크다. 선택할 수 있는 종목만 1만 개가 넘는다. 만일 당신이 미국 주식 투자로 수익 올리는 방법을 익히지 못했다면, 원자재 시장이나 해외 주식을 기웃거린다고 해도 이익을 내지 못할 것이다.

당신은 외국의 정치 및 경제 정책, 통화 건전성 또는 회계 관행에 대해 얼마나 알고 있는가? 바보들은 종종 현명한 사람들이 한 걸음 내딛기를 두려워하는 곳으로 달려들곤 한다.

많은 나라에 불안정한 정치·경제적 이력이 있다. 월스트리트의 이름난 투기꾼 버나드 바루크는 멕시코에 투자했다가 돈을 날렸다. 멕시코와 남미 국가들에는 수많은 투자 리스크가 여전히 존재한다.

러시아와 중국은 언제나 조만간 대규모 자본주의 확대 국가의 차기 주자로 부상할 것처럼 느껴진다. 그러나 불안정한, 혹은 신뢰성이 떨어지는 두 나라의 정부 체제는 투자자들에게 어마어마한 추가 리스크를 일으킨다. 아울러 많은 미국 투자자들이 잘 모르는 외국 정부들에는 다양한 수준의 부정부패가 존재한다. 나는 항상 해외 증권은 피할 것을 권고해왔다. 대다수 개인투자자들은 해외 국가들에 대해 꼭 알아야 할 사항들을 전부 알 수 없기 때문이다.

폐쇄형 펀드와 관련된 리스크는 최초 상장한 후 기준가가 떨어지는 경우가 많으며 내재가치보다 낮은 가격에 거래된다는 것이다. 이런 펀드의 기준가는 경매장처럼 수요와 공급만으로 결정되므로, 결국 자산 가치에 해당하는 기준가로 매도된다는 보장이 없다. 할인된 기준가 수준은 아마도 수년 동안 이어질 것이다.

왜 저렴한 주식을 매수하면 안 되는가?
—

저가 주식(주당 15달러 미만으로 거래되는 주식)은 대개 그럴 만한 이유가 있어서 가격이 낮다. 싼값에 많은 주식을 매수한다는 점이 매력적일 수도 있지만, 이런 종목 대다수의 재무 성과는 시원치 않았으며 시장에서도 대부분의 다른 주식들보다 뒤처져 있다.

당신이 어렵게 번 돈을 결함투성이 이력을 지닌 비우량 기업에 투자하고 싶은가? 대다수 기관투자자는 이런 종류의 주식을 매수하지 않을 것이다. 저가 주식은 거래 빈도가 희박한 경우가 많으며 시장에는 대형 기관의 대규모 매입 수요를 감당할 만큼의 거래 가능한 주식 물량도 없다. 그리고 우리가 이 책에서 내내 다뤘던 바와 같이, 주가를 움직이는 것은 대형 기관투자자들이다. 최고의 주식은 결코 주당 2달러나 4달러 또는 6달러에 거래되지 않는다. 펀더멘털이 좋지 않은 싸구려 주식으로는 자산을 잃기 쉽다.

페니 주식(1~2달러 이하로 거래되는 주식)은 사기나 주가조작에 얽힐 수도 있다. 또한 매도호가와 매수호가 간의 차이, 즉 주식을 사고파는 가격의 격차도 상당히 클 수 있다. 페니 주식을 주당 0.625달러에 매수해 주당 0.5달러에 매도하는 경우를 생각해 보자. 0.125달러포인트(0.625-0.5)가 큰 폭의 스프레드(매수와 매도 가격 차)가 아닌 것으로 보일 수 있겠지만, 이 주식이 매수 원가만큼 오르려면 무려 20%나 상승해야 한다.

선물이나 옵션 시장은 어떤가?

—

주식 옵션은 투자자들에게 미래의 특정한 시기까지 정해진 가격에 주식을 사거나 팔 수 있는 권리를 부여한다. 예를 들어, 현재

XYZ 종목이 주당 50달러에 거래되고 있는데 상승 가능성이 있다고 판단되면 콜옵션을 매수할 수 있다. 이것은 향후 6개월 이내에 주당 55달러에 XYZ 100주를 매수할 수 있는 옵션이다. 만일 그 종목 주가가 70달러가 되면, 해당 옵션에 대한 소액 초기 투자로 상당한 이익을 낼 것이다.

옵션은 리스크 수준이 높다. 투자자들은 주식의 등락 방향은 물론이고, 주가 등락 기간까지도 맞춰야 하기 때문이다. 옵션 가격 범위를 전체 투자금액의 10% 이내로 제한하기만 한다면 주식 옵션을 매수해도 문제없다. 하지만 그렇게 하더라도 옵션은 변동성이 높고 리스크도 크다.

주식 옵션과 마찬가지로, 선물 거래는 미래의 특정 가격으로 특정 원자재(곡물, 금속, 에너지 생산물) 또는 금융 선물(금리, 외화, 주가지수)을 매수 또는 매도하기 위한 계약을 뜻한다.

다시 말하지만, 선물은 옵션과 마찬가지로 높은 투기성 탓에 수년 동안 성공적인 투자 경험을 보유한 사람들만 시도해야 한다. '빨리 부자 되기' 병에 걸려 이용 가능한 자금의 많은 부분을 옵션이나 선물에 맡기는 사람들은 스스로 화를 자초하는 것이다. 옵션과 선물 거래에 내재된 변동성, 레버리지(차입금 이용) 및 투자 기간 제한으로 인해 엄청난 손실을 입을 수 있다. 그 리스크는 주식의 리스크보다 상당히 높다.

내가 볼 때 금(金)이란 오랫동안 과도하게 비싼 값이 매겨진 금속에 불과하다. 금은 배당을 주지 않는다. 금의 매력은 두려움을 토대로 형성된 것이다. 나는 탁월한 기업 아니면 부진한 시장, 머니마켓펀드(MMF: 투자용 자금을 단기간 넣어두는 용도의 펀드. CMA와 비슷함-옮긴이)를 선호한다.

그럼 채권은?
—

전환사채(주식으로 교환할 수 있는 채권)는 유동화하기가 어려우며, 대출을 많이 받아서 투자했다면 더 큰 리스크에 노출될 수 있다.

정크 본드(Junk Bond: 신용등급이 낮은 기업이 발행하는 고위험·고수익 채권.-옮긴이)의 경우, 정크 본드는 그저 쓰레기 채권일 뿐이다. 투자 가능한 채권 중에서도 가장 비우량하며 가장 리스크가 높은 채권이다. 채권은 금리와 연계해 가격이 매겨지므로, 당신은 스스로에게 다음과 같이 질문해야 한다. '나는 채권 매수와 이자율 평가에 대해서 훈련과 경험을 충분히 했는가?'

세금을 고려한 투자는 어떤가?
—

세금에 먼저 중점을 두는 것보다는 우선 최고의 투자 결정을 해야 한다. 나는 사람들이 세금 아끼는 데에 정신이 팔려서 수익률이 시원치 않은 절세형 투자를 하는 것을 본 적이 있다.

최고의 종목을 거래하는 데 전념할 시간이 없다면, 분산 투자된 미국 성장주 펀드에 가입해 장기 보유할 것을 권하겠다(뮤추얼 펀드 투자에 대해서는 이 책 후반부에서 다룰 것이다).

어떤 사람들은 내 의견에 동의하지 않겠지만 나는 필요 이상의 또는 불필요한 리스크를 감수하는 걸 좋아하지 않는다. 주식에도 리스크가 충분히 존재하는데, 나는 더 나은 수익률을 낼 종목을 신중하게 선정하고 항상 올바른 매도 규칙을 따른다는 규율을 준수해 그 안에서 나의 리스크 수준을 제한할 수 있다(매도 규칙에 대해서는 이 책의 제20강과 제21강에서 다룰 것이다).

최근 3년 동안 매출액과 이익 증가율에서 특정 분야 1위에 오르고, 이익률도 뛰어나며, ROE도 높은 우량한 종목을 선정하는 것이 뭐가 문제겠나? 강력한 산업군에 속해 있으며 기관투자자의 보증도가 양호한 주당 15~150달러에 거래되는 종목을 선정하면 좋다. 기업은 또한 우수한 제품이나 서비스를 보유해야 하며, 그 기업의 주식은 좋은 수익률을 올려야 한다.

도박꾼 열병에 걸리지 않는 한, 그리고 너무 빨리 부자가 되려고 애쓰지 않는 한, 미국은 정말 투자하기에 가장 좋은 곳이다. 성공의 열쇠는 바로 (투자하기 전) 사전 조사, 집중, 몰두다. 당신도 할 수 있다!

요점 정리

- 투자를 시작했다면 단순함을 유지하라. 미국 주식이나 뮤추얼 펀드에만 투자하라. 보유한 투자 대상의 유형이 많을수록 투자 대상을 추적하기가 어렵다.
- 시장에서는 지불한 만큼 벌어들일 수 있다. 싸구려 종목은 대개 그럴 만한 이유가 있어서 값이 싸다.
- 옵션은 리스크가 높다. 투자자들이 주식의 등락 방향은 물론이고 가격이 등락하는 시기까지도 맞춰야 하기 때문이다.
- 선물은 투기성이 매우 높으므로, 수년간의 투자 경험을 보유한 사람 외에는 투자를 멀리해야 한다.

윌리엄 오닐의 이기는 투자

당신의 포트폴리오에 알맞은 조합은?

제19강에서 윌리엄 오닐은 대규모 이익을 창출하는 데 필요한 포트폴리오 집중 방법을 다룬다.

Lesson 19

What's the Right Mix
for Your Portfolio?

리스크를 어떻게 분산시켜야 하는가?

—

대다수 투자 업계 사람들은 두루 분산해서 자산을 분배하라고 이야기할 것이다. 즉, 다양한 비율로 여러 유형의 투자 대상에 자금을 나누어 놓으라고 말이다. 그러나 처음에 조금 불편하더라도 이런 통념에 저항해야 한다. 주식시장에서 모든 사람의 말과 행동을 그대로 따라 하면 마음이 편할 수는 있다. 하지만 그렇게 하는 게 돈을 많이 벌 수 있게 해주지는 않는다.

당신의 목표는 시장에서 판단을 제대로 하는 데 그치지 않고 제대로 된 판단으로 큰돈을 버는 것이다. 그러려면 달걀을 소수의 바구니에 모아놓고, 그 달걀 바구니들을 잘 이해하면서 주의 깊게 관찰하는 게 최선의 방책이다.

자산 배분에는 별로 장점이 없는가?
—

아니다. 나는 자산 배분이 효과적이라고 생각한다. 단순하고 기본에 충실하다면 말이다. 당신 자금의 일부는 가능하면 가장 좋은 종목에 투입하고, 종목들의 성과가 신통치 않을 때는 머니마켓펀드MMF에 자금을 넣어 두라.

지나친 분산이나 배분은 투자에 대한 지식과 집중 부족으로 이어질 수 있다. 어떤 사람은 주식 45%, 채권 30%, 해외 주식 10%, MMF 10%, 금 5%로 배분해야 한다고 이야기하는데, 내가 볼 때 이는 잘못된 자산 배분이다. 안전성은 더 높을지 몰라도 전체 수익률이 저조할 것이다. 채권, 해외 주식이나 금은 포트폴리오에 담지 말아야 한다. 그러면 전체 수익률이 일정 수준 이상으로 오르지 못하기 때문이다. 불경기 상황에서는 채권으로 자산을 잃게 된다. 그리고 채권은 또한 인플레이션 위험회피 수단으로는 상대적으로 수익이 시원치 않다.

그럼 종목은 몇 개를 보유해야 하는가?

—

미래 비상금 용도로 저축해둔 자금을 제외하고 투자금액이 5,000달러 이하인 경우, 2종목 이상 보유하지 말아야 한다. 만약 1만 달러가 있다면 2~3종목이 적당하다. 2만5,000달러가 있다면 3~4종목, 5만 달러가 있으면 4~5종목, 10만 달러가 있으면 5~6종목이 적절하다.

20종목 이상을 보유할 이유는 없다. 그 많은 종목에 대해 알아둬야 할 것을 다 알 수 없으며, 큰 성공을 거두기 위해 그렇게 많은 종목 분산이 꼭 필요한 것도 아니다.

만약 마음에 드는 다른 종목을 발견했다면 어떻게 하나?

—

애초에 보유할 종목 수를 정해두어야 한다. 그리고 그 한도를 벗어나지 않아야 한다. 한도가 6종목인데 6종목을 보유 중이면, 유혹이 있더라도 7, 8, 9번째 종목을 매수하지 말라.

만약 새로 찾아낸 종목이 매우 훌륭하다면, 그 신규 종목 매수 자금으로 쓸 수 있도록 보유 중인 6종목 가운데 가장 매력도가 떨어지는 종목을 매도하도록 하라. 이런 규칙을 준수하며 매매한다면 돈을 더 많이 벌 수 있을 것이다.

집중 포트폴리오를 구축하는 올바른 방법이 있는가?

—

간단하게 다음과 같은 작업을 해보자. 만일 5종목에 10만 달러를 투자한다면, 한 종목당 2만 달러씩 배정될 것이다. 어떤 종목을 일정하게 몇 주씩 사는 게 아니라, 매번 비슷한 수준으로 일정한 금액만큼 매수해보자.

그러나 시간이 지나면 매수 방식에 변화를 주도록 한다. 종목들을 한 번에 모두 매수하지 말라. 한 번에 한 걸음씩만 움직이며 사들이도록 한다. 자금의 100%를 투자하기 전에 최소한 어느 정도의 상승을 보이며 스스로를 증명하는 주식을 매수해야 한다.

개별 종목에 대한 매수 전략이 있는가?

—

처음 매수할 때는 한 종목당 배정해둔 2만 달러의 절반(1만 달러)만 매수하라. 거기서 주가가 하락할 경우, 더 이상 매수하지 말라. 만일 해당 종목이 매수 가격의 8% 이하로 하락한다면, 손실을 줄일 수 있도록 즉시 매도하라.

주가가 최초 매수 시점으로부터 2~3% 상승할 경우, 그리고 주가 움직임도 여전히 괜찮아 보인다면, 추가적으로 6,500달러어치를 더 매수해도 좋다. 이 시점에서는 해당 종목 몫으로 배정해둔

2만 달러 가운데 1만6,500달러를 주식으로 보유하게 된다. 해당 종목이 2% 또는 3% 이상 더 상승할 경우, 3,500달러어치를 추가 매수해서 2만 달러어치 매수를 마치면 된다. 그런 후에는 해당 종목 매수를 중지하라. 매수 초반의 5% 상승으로 해당 종목에 배정해둔 금액이 소진되었다면 편안히 앉아서 주가가 오를 시간과 여유를 주도록 하라.

초기 매수 시점부터 최대 5%까지 주가가 상승함에 따라 소량 매수를 추가하는 이런 개념을 '피라미딩pyramiding'이라고 한다. 이렇게 하면 평균 매입가격은 상승한다. 하락이 아니다. 기존 매수가 잘 된 것처럼 보이지 않으면 절대로 자금을 추가 투입하지 말라.

주식을 매수하고 운용하면서 더 해야 할 일은 무엇인가?
—

매수 시기를 훨씬 정확하게 알 수 있도록 차트를 활용하라. 정상적인 패턴 구간을 꽤 벗어나 가격대가 급등해 있는 종목을 추격하면 안 된다(기준 패턴에 대한 것은 제9, 10, 11강 참조).

만약 최초 매수 가격보다 8%가 하락해 손실을 줄이고자 매도한다면, 스스로를 보호하는 자그마한 보험에 가입하는 셈이다. 내버려 둘 경우 나중에 훨씬 더 큰 손실을 입을 수 있다. 이 8% 매도 규칙은 큰 수익을 보이는 기존 보유 종목에는 적용되지 않는다. 이 시점에서는 좀 더 적응한 상태가 되어 여유가 생길 수 있다.

물론, 매수하는 종목은 우리가 이 책에서 일찍이 다뤘던 모든 펀더멘털 수치를 충족해야 한다. 그 종목들은 해당 분야의 1위 기업이어야 하며, 주당순이익EPS은 최근 3년 동안 해마다 늘어나야 한다. 또한 매출액과 이익은 분기마다 상당한 비율로 증가해야 한다. 이익률 개선, 자기자본이익률ROE 17% 이상, 상대적 주가 강도 등급 80 이상인 종목을 찾아라. 해당 종목은 선도적인 산업군에 속해 있어야 하며, 우량한 기관의 매수라는 보증이 있어야 한다.

몇 종목을 보유하면 그다음엔 뭘 해야 하나?
—

3~4종목을 보유한 뒤에는 어떤 종목이 주가 상승률 면에서 가장 앞서고 있는지를 주의 깊게 관찰해야 한다. 해당 종목은 아마도 보유한 종목 중 최고의 종목이자 시장의 실제 선도주일 것이다.

따라서 선도주를 다시 추가 매수할 적절한 시기를 기다려야 한다. 주가가 50일 이동평균선으로 되돌아간 첫 번째 시점에 추가 매수를 하면 된다(차트의 이동평균선은 변동성이 큰 일간 또는 주간의 주가 움직임을 매끄럽게 나타낸다. 주가 추이도 한층 명료하게 알 수 있다). 즉, 주가가 7~8주 혹은 그 이상으로 완전히 새로운 패턴을 형성하고 이 새로운 '2단계' 패턴에서 곧 치솟으려고 한다면, 배정해둔 자금으로 추가 매수해도 된다.

포트폴리오를 효과적으로 관리하는 방법으로 여기서 내가 말하려는 것은, 어떤 종목이 실제로 최고 수익률을 내는지 알아보는 법을 익히라는 것이다. 그런 다음에 최고 수익률을 내는 종목들에 자금을 더 많이 배정하고, 움직임이 그리 좋지 않은 종목들에는 자금을 약간 적게 배정하라. 아울러 〈인베스터스 비즈니스 데일리〉의 '52주 신고가&신저가'('신고가' 목록)에 나오는 상위 5~6개 섹터에 자금을 더 많이(최대 75%까지) 배정하라.

최고로 우량한 시장 선도주를 선택하는 기량이 향상되면, 제2의 마이크로소프트를 찾아낼 날이 올 것이다. 그런 종목에 투자 자금을 더 많이 배정하는 방법을 알아두고, 그 종목에 가장 큰 금액을 투입해야 한다.

빌린 돈으로 투자하거나 피라미딩 방식으로 투자하는 경우라면, 선도적인 성장주를 매수하는 것이 더욱더 중요하다. 리스크가 현저히 증가하고 상황이 악화되면 자신을 보호하기 위해 반드시 매도 규칙을 적용해야 한다. 하지만 피라미딩 방식으로 투자하는 경우라면 절대 흥분하지 말고, 첫 번째 또는 두 번째 매수 때 사들였던 것보다 더 높은 가격으로 주식을 더 많이 사서는 안 된다. 이럴 경우 평균 매입가격이 너무 높아지므로, 이후에 급격한 대량 매도가 나올 때 취약해질 수 있다.

진짜 선도주를 찾아내면 다음에는 무얼 해야 하는가?
—

포트폴리오를 제대로 운용하려면, 일련의 매수와 매도 규칙이 필요하다. 시장 선도주를 매수하는 것도 하나의 방법이다. 하지만 그런 다음 진득하게 기다리는 것, 적절한 시기에 추가 매수를 하는 것, 마지막으로 해당 종목이 고점에 이른 후 장기 급락할 조짐이 보일 때 그 종목을 매도해 빠져나가는 것은 완전히 다른 문제다.

이 방법대로 하면 1~2년 동안 성과가 좋은 종목을 보유할 수 있다. 성과가 그보다 떨어지는 종목들은 움직임이 좋지 않거나 현저하게 뒤처지기 시작하는 징후를 보이면 얼른 팔아치워야 한다.

당신이 선택한 모든 종목이 제대로 되지는 않을 것이며, 그렇게 될 필요도 없다. 하지만 실수하고 나면 항상 그것을 깨닫고, 내 탓임을 인정하고 처신할 필요가 있다. 그리고 대형 시장 선도주를 보유하게 되면, 관리하는 방법을 알아둬야 해당 종목을 적절히 현금화해서 폭락 사태를 피할 수 있다.

그런데 주식 선별은 어렵지 않은가?
—

과거에도 수많은 사람이 마이크로소프트, 시스코 시스템즈, 홈디포 등을 보유했었는데, 나쁜 소식이 들리거나 전체 시장 조정이 오면 해당 종목을 팔아치우곤 했다. 이런 현상을 피하려면, 일단 진짜 선도주를 찾아낸 후 제대로 관리하는 방법을 배우고 그에 대한 규칙을 만들어 지켜야 한다.

보유 시기와 매도 시기에 대한 규칙을 다시 정리하고 싶다면, 이 책 외에도 《최고의 주식 최적의 타이밍》 제10장을 읽어보는 것도 좋다. 이 모든 올바른 투자 과정은 실제 시장 평가에서만 배울 수 있는 것이 아니라 독서로도 배울 수 있다. 당신은 언제나 더 나아지고 현명해질 수 있다.

요점 정리

- 광범위한 분산투자 및 자산 배분은 불필요하다. 달걀은 소수의 바구니에 집중해 담아라. 그리고 그 달걀 바구니들을 잘 알아두고 주의 깊게 살펴보라.
- 투자 자금이 5,000달러 미만일 경우에는 1~2종목만 보유하라. 만약 투자 자금이 1만 달러라면 2~3종목을, 2만5,000달러라면 3~4종목을, 5만 달러라면 4~5종목을 보유하라. 10만 달러 이상이라도 6종목 이내로만 보유하라.
- 이미 종목 수 한도 최대로 보유하고 있는데 새 종목을 추가하고 싶다면, 가장 수익성이 떨어지는 종목을 매도해 새 종목 매수에 들어갈 자금으로 써야 한다.

- 주식을 매수할 때 최초 매수 시점에는 희망하는 매수금액 총액의 절반만 매수하라. 만약 주가가 최초 매수 가격보다 2~3% 상승하면 소량을 추가 매수하라. 평균 매입 가격은 상승하는 게 맞다. 하락이 아니다.

모든 투자자가 익혀야 할
매도 규칙

투자자들은 어떤 주식을 매수할지 결정하는 데 대부분의 시간을 보낸다. 그러나 언제 어떤 상황에 주식을 매도해야 하는지에 대해 시간을 들이는 경우는 거의 없다. 이것은 중대한 실책이다.

현실적인 매도 규칙을 만드는 데에도 매수할 주식을 고를 때만큼의 시간을 할애해야 한다. 주식 매매를 잘하면 매우 성공적인 투자자가 될 수 있다. 공격은 기가 막히게 잘하면서 수비는 손 놓고 있는 프로 스포츠팀은 없다. 제20강에서 윌리엄 오닐은 자신의 가장 중요한 매도 규칙을 설명한다.

Lesson 20

Sell Rules
Every Investor Should Master

투자자들이 알아야 할 가장 중요한 매도 규칙은 무엇인가?
—

가장 중요한 규칙 1번은 당연히 손실을 줄이는 것이다. 훨씬 더 큰 손실 가능성으로부터 스스로를 보호하기 위한 것이다. 나는 매수한 주가의 8% 이내 하락만 절대적인 손실 한도로 허용한다. 전반적으로 보면 평균 손실은 그보다 양호할 것이다. 매수 가격의 8% 이하로 하락하기 전에 몇 가지 예시를 통해 해당 종목의 움직임이 평소와는 다른 것을 알아볼 수 있기 때문이다(제21강에서는 새로운 선택이 문제의 징후를 보일 수 있는 시기를 파악하고, 손실을 입기 전에 매도할 조건을 찾는 방법에 대해 알아보겠다).

내가 배운 교훈이 또 하나 있다. 내가 보유한 종목이 일단 합리적인 수준으로 상승하면, 그 종목으로 손해를 볼 일은 거의 없다는 것이다. 어떤 종목을 주당 50달러에 매수했는데 그 종목이 58달러나 59달러까지 상승했다고 가정해 보자. 만일 그 종목이 50.5달러까지 계속 주가가 뒷걸음질 쳐서 내가 그 종목을 보유하면서도 이익을 얻지 못하게 되는 경우에, 나는 확실히 그런 실수를 또 하지 않고 벌어들였던 얼마간의 수익에서 손실을 입지도 않을 것이다. 나는 손실을 피하기 위해 대개 그 시점에 그 종목을 매도할 것이다.

그러나 가장 중요한 매도 규칙은 차트 활용하기 및 항상 맨 처음부터 정확한 시점에 진짜 기본적인 시장 선도주를 매수해두는 것이다. 항상 적당한 차트 패턴에서 정확히 제대로 그려진 '피봇 포인트'에서 매수를 시작한다면 8%의 손실을 보는 일은 거의 없을 것이다. 사실, 너무 일찍 움직여서 종종 몇 포인트 앞에서 매수를 시작하는 경우가 적지 않을 것이다. 매수를 시작할 때는 늘 약간의 완충지대를 두는 게 도움이 된다.

어떻게 해야 미래의 초우량 종목에서 이탈하지 않을까?
—

당신이 매수하는 종목들의 약 40%는 가끔 상당히 큰 거래량을 나타내며 하루나 이틀 동안 초기 매수 지점(피봇 포인트)과 가까운 주가로 되돌아간다. 이러한 정상적이지만 급격한 주가 되돌림 현상에 겁먹지 말라. 손절매 지점에 도달하지 않는 한(매수 가격의 8% 미만), 가만히 앉아 기다려라. 때로는 주식이 서서히 이륙하는 데 몇 주가 걸리기도 한다. 큰돈은 기다려야만 벌 수 있다.

어떤 경우에는 하루나 이틀 동안 주가가 50일 이동평균선 밑으로 약간 하락할 수도 있다. 이것은 보통 잠재적인 매수 기회이므로, 그런 경우에 속아 넘어가 매도해선 안 된다.

또한, 보유한 선도주가 2~3주 만에 20% 이상 상승할 경우, 바로 매도해서 수익을 확정하지 말라. 만일 당신이 비우량, 싸구려 주식이 아니라 진짜 초우량 선도주에 투자한다면, 그 종목이 단기간에 20% 이상 상승했다는 것은 해당 종목의 진짜 힘과 잠재된 능력을 나타내는 것이다.

인내하며 그 종목을 더 오래 기다려줘야 한다. 큰 가격 상승은 언제나 시간이 걸리게 마련이니, 첫 매수 시점에서부터 적어도 8주 또는 10주가 지난 다음에 해당 종목을 다시 살펴보라. 어떤 경우에는 그때까지 해당 종목의 주가가 40% 이상 오를 수도 있다.

이 시점부터 당신의 종목은 마침내 출발 지점에서 이륙하며, 그 종목의 주가가 계속 상승하는 동안 당신은 주식에서 상당한 이익을 얻을 수 있는 여러 가지 매도 규칙 중 하나를 시행할 때까지 기다리면 된다. 주식이 계속 상승하는 동안에 다양한 매도 규칙을 익혀 보자.

매도 규칙에는 어떤 것이 있는가?

—

시장 선도주들의 약 30%는 수개월간 상승한 다음에 소위 '최상 단climax top'이라고 하는 시기까지 보유함으로써 정점에 도달한다. 해당 종목은 이전 몇 주 동안보다 훨씬 빠른 속도로 상승할 것이며, 대개 1~3주 이내에 25%에서 50%까지 오를 것이다. 이때 10일 중 8일은 주가가 상승할 수 있으며 이 시기에는 일반적으로 일일 거래량도 증가한다.

주가 상승세 마감을 앞둔 나날 중 하루는 주가가 상승을 시작한 이래로 최대의 주가 상승세를 나타낼 것이다. 이렇게 이례적으로 강한 주가 움직임이 나타났을 때 매도하라. 당신의 선별 기준 덕분에, 당신은 아마도 대다수 사람이 망설이고 확신하지 못했을 때 매수했을 것이다. 이제 당신은 모든 사람이 그 종목이 얼마나 대단한지에 대해 흥분하면서 거품을 일으키고 있을 때 매도한다. 주식시장에서 성공적인 결정은 종종 대중의 의견과 상반된다는 것을 기억하라.

아울러 주식의 주가수익비율PER이 본래 그 주식의 기준 패턴에서 크게 벗어나기 시작한 시점으로부터 130% 이상 증가했을 때에도 매도를 고려할 수 있다.

당신이 보유한 종목 중 일부는 주가 상한선보다 2%나 3% 높은 가격에 팔릴 수도 있다. 주가 상한선과 하한선은 동일한 기간 동안의 주가 최고점 3개를 이은 직선과 주가 최저점 3개를 연결한 또 다른 평행선을 그려서 정한다.

　이러한 평행선은 전반적인 장기 상승 추세를 활용해 그려야 한다. 너무 짧은 기간을 정해서 그린 상·하한선으로는 제대로 파악하기 어려울 수 있으므로, 선택한 3개의 최고점이 최소 몇 개월에 걸쳐 형성된 것인지를 확인하라.

　대부분의 시장 선도주는 1년 이상 상승세가 지속되기도 한다. 그러므로 만약 당신이 예민하거나, 뉴스 또는 다른 사람들의 의견에 영향을 잘 받아서 주식이 상승한 지 겨우 4주, 5주, 6주 만에 이익을 실현하기 위해 매도한다면, 너무나 일찍 매도하는 셈이다. 높은 곳에서 포효하는 어마어마한 이기는 주식을 홀랑 팔아버리면 당신은 자신의 결정을 책망하게 될 것이다.

　나는 당신이 이 책의 제13강으로 되돌아가 복습할 것을 권한다. 제13강에서는 전체 시장 고점의 시작을 파악하는 방법을 알려준다. 이것은 종목을 한두 개 매도해 보유 종목 수를 줄이라는 신호일 수 있다. 제21강에서는 보유 중인 주식을 언제 매도하고 수익을 확정해야 하는지 알려주는 움직임을 인식하는 법에 대한 더 많은 규칙을 다루겠다. 간단한 규칙을 통해, 좋은 매수자뿐만 아니라 좋은 매도자가 되는 법을 배워보자.

요점 정리

- 가장 중요한 규칙은 손실을 줄여 훨씬 더 큰 손실 가능성으로부터 스스로를 보호하는 것이다. 만약 주가가 매수한 가격보다 8% 넘게 하락한다면, 매도하라.

- 보유한 시장 선도주가 단 2~3주 만에 20%에서 25%까지 상승할 경우 매도하지 말고 이익을 취하라. 그것은 진짜 힘을 지녔다는 신호이며, 당신은 아마도 대단한 이기는 주식을 보유하고 있는 것이다.

- 합리적인 수익을 올린 주식으로 손실을 보면 안 된다.

- 주식 가운데 40%는 하루나 이틀 동안 (가끔 대규모 거래량을 동반하고) 초기 매수가에 가까운 가격으로 되돌아갈 것이다. 이것 때문에 해당 주식을 팔고 이탈하면 안 된다.

- 시장 선도주의 30%는 수개월 동안 상승한 다음 주가가 정점에 도달하게 된다. 해당 종목은 지난 몇 주 동안보다 훨씬 빠른 속도로 상승할 것이다. 주가가 상승하기 시작한 이래로 최고의 주가 상승세가 언제인지 살펴보라. 이때는 대개 사람들이 주가가 극적으로 상승한 그 종목에 대해 흥분한다는 것을 의미한다. 시장은 대중의 의견과 종종 반대로 움직이는 경우가 많으므로, 이런 경우에는 해당 종목을 매도하는 것도 좋은 생각이다.

윌리엄 오닐의 이기는 투자

제21강

모든 투자자가 익혀야 할
추가 매도 규칙

제21강에서 윌리엄 오닐은 가장 중요한 매도 규칙에 대해 더 자세히 다룬다.

Lesson 21

More Sell Rules
Every Investor Should Master

오늘 투자를 시작하려는 사람에게는 무슨 조언을 하겠나?

—

미국은 전 세계 경제력을 주도하는 나라다. 누구나 미국에 투자하기를 배울 수 있으며 배워야 한다. 이 책을 통해 성공적인 투자자가 되기 위한 적절한 바탕과 규칙을 배우고, 이것을 실제로 시행해 보며 기량, 경험, 규율을 경험하라.

실수는 누구나 피할 수 없다. 당신이 내렸던 모든 결정에 대해 언제나 객관적으로 사후 평가를 하라. 그래야만 발전할 것이다. 일시적으로 실패를 경험했다고 좌절하지 말라. 언제 무엇을 매수하고 언제 매도할지 파악할 수 있는 기술을 일단 배우면, 시장 분위기가 좋은 해에는 거의 50%에서 100% 혹은 그 이상을 벌어들이는 것도 분명 가능하다. 규칙을 계속 곱씹어볼 수 있게끔 이 책을 여러 번 다시 읽어보라.

그 외 매도 규칙에는 무엇이 있는가?
—

큰 수익을 올리는 데 도움이 되는 몇 가지 매도 규칙은 다음과 같다.

1 주식의 주당순이익^{EPS}이 2분기 연속으로 증가세가 크게 감소하면, 해당 주식은 매도해야 한다(즉, 몇 개 분기 동안 100% 상승했다가 30%로 둔화된 다음 20%로 줄어든 경우다).

2 당신이 보유한 종목이 차트 패턴에서 벗어난 상태이며 일간 또는 주간 거래량이 그 전날이나 전주의 거래량보다 적고, 주요 지점에서는 부진한 매수 수요를 보인다면, 대부분의 경우 해당 종목은 매도해야 한다. 거래량은 일일 평균 거래량보다 40%에서 50% 이상 증가해야 한다.

3 어떤 종목이 하루 만에 대규모 거래량을 보이면서 기준 패턴에서 이탈하는 것은 물론이고 '반등 지속 지점$^{follow-through}$'에서 이탈해 며칠 동안 거래량 증가세를 보이며 주가가 하락할 경우, 그리고 4% 또는 5% 이하 하락한 지점이나 피봇 포인트를 유지하지 못하는 경우, 깨진 주가 패턴이 나타나곤 한다. 대부분의 경우 그 종목은 비중을 줄이거나 매도

윌리엄 오닐의 이기는 투자

해야 한다. 낙담하지 말라. 매번 맞출 거라고 기대할 수는 없다.

4 당신의 종목이 수개월에 걸쳐 상당한 기간 동안 상승하며 이 과정에서 몇 개의 기준 패턴을 형성했는데, 네 번째 만에 해당 종목이 패턴에서 이탈할 경우, 그 종목은 매도해야 한다. 이때쯤이면 해당 종목은 모든 사람의 레이더에 포착되며, 주식시장에서 그다지 두드러지는 움직임을 보이지 않는다.

5 특정 산업의 실제 시장 선도주들의 주가가 하락하고 있는데 거래량을 동반한 채 매도되고 있으며 많은 기반이 회복 불능 상태라면, 해당 산업군의 다른 종목들도 아마 대부분이 취약할 것이다. 매도를 고려해야 한다.

6 보유한 종목이 1~2개월 이상 주가가 계속 상승하고 전일 최고가와 갭gap이 벌어지면 해당 종목은 매도해야 한다. 이는 일반적으로 그런 움직임의 마지막 '단계'를 나타내기 때문이다. 이것을 소멸 갭exhaustion gap이라고 한다. 그러나 정상적인 기준 패턴과 가까운 시간 및 거리에서 발생하는 갭은 일반적으로 문제가 되지 않는다. 이탈 움직임 초반에 발생하는 갭과 소멸 갭을 혼동해서는 안 된다.

7 장기적인 주가 상승이 시작된 지 몇 개월 만에 최대 규모의 일일 거래량을 나타내며 그날의 거래를 마감할 경우, 이것은 매도를 고려하라는 경고 신호가 될 수 있다.

8 나는 때때로 다른 종목에 비해 주가가 덜 상승한다는 점 때문에 이익이 나고 있는 종목을 매도하곤 한다. 그 종목에 묶여 있던 자금으로 더 좋

은 성과를 올리는 종목을 매수할 수 있다.

    1990년 하반기 언젠가, 나는 딱 적기에 매수했던 우수한 기업 홈디포를 전량 매도했다. 주가가 오를 것이 확실시되는 다른 기업을 매수하기 위해서였다. 나는 그 매도자금으로 암젠을 더 매수했다. 암젠은 상대적으로 더 강하게 움직였고, 이익 전망치도 더 컸으며, 주가가 3배나 치솟을 가능성이 있었다. 이런 행동을 자주 하지는 않지만, 이는 당신의 종목 중 어느 것이 실제 시장 선도주인지 감지하기 위해 일정 기간 동안 어떻게 배워야 하는지를 보여준다.

    주식 매도 능력을 향상시키는 가장 좋은 방법은 무엇일까? 모든 매수 및 매도 결정에 대해 매년 분석하는 습관을 들여보라. 차트에 각 주식을 어느 지점에서 매매했는지 표시해보라.

    수익성이 좋았던 결정과 그리 좋지 않았던 결정을 구분해보라. 몇 주 동안 그 두 그룹을 공부하라. 수익성이 좋았던 그룹에서 공통점이 보이는가? 수익성이 별로였던 그룹에서 지속적인 문제점들이 보이는가?

    당신이 자주 저지르는 특정한 실수를 발견했다면 이를 바로잡기 위해 새로운 규칙 한두 가지를 만들어라. 매매 상황을 객관적으로 살펴봐라. 당신의 실수를 기꺼이 인정하라.

    대다수 사람은 자신이 무엇을 제대로 하고 무엇을 잘못하는지 시간을 들여 공부하고 분석하지 않을 것이다. 하지만 이것이야말로 시장에서나 인생에서나 당신이 하는 일을 개선하고 정말 잘하게 되는 방법이다. 개인적인 의견, 자부심, 자존심, 그리고 체면을 세우고 당신이 옳다는 것을 증명하고 싶은 욕구는 주식시장에 전혀 설 자리가 없으며, 이런 것들은 당신이 엄청나게 비싼 대가를 치르게 할 것이다. 그러니 자신의 실수를 객관적으로 분석하는 법을 배우는 게 좋을 것이다. 배우는 데 너무 늦은 시기란 없다.

요점 정리

- EPS 증가세가 2분기 연속으로 급감할 경우, 주식을 매도하라.
- 당신의 종목이 몇 개월 동안 상당한 기간을 두고 상승하고 그 과정에서 여러 기준 패턴이 형성된 경우, 네 번째 만에 그 종목이 패턴에서 이탈하게 되면(패턴 중 '4번째 순서'), 그 종목은 매도해야 한다.
- 때로는 보유 중인 다른 종목보다 주가 상승세가 계속 좋지 않다는 이유로 주식을 매도해야 한다. 그 매도 자금은 더 나은 성과를 올리는 종목에 쓰일 수 있다. 이번 제21강과 제20강의 매도 규칙을 정기적으로 복습하라. 계속해서 배우고 명심하라.

24
Essential Lessons
for Investment
Success

뮤추얼 펀드로
100만 달러 버는 법

윌리엄 오닐의 개별 종목에 대한 견해와 뮤추얼 펀드에 대한 견해는 꽤 차이가 있다.

Lesson 22

How to Make a
Million with Mutuals

뮤추얼 펀드에 대해 어떻게 생각하는가?

＿

뮤추얼 펀드는 수많은 개인투자자들에게 최고의 투자 수단이 될 수 있다. 펀드는 활용하기 쉬우며 기업과 정부의 퇴직금 프로그램을 통해서는 물론, 개인 대상 판매 채널에서도 두루 접근할 수 있다.

펀드가 인기 있는 이유 중 하나는 상대적으로 저렴한 비용에 있다. 펀드는 많은 사람의 자산을 모아서 만들어진 상품으로, 투자자들에게 상당한 장기 수익을 올려주면서도 투자 비용을 절감하는 규모의 경제를 이룬다.

내 생각에는 잘 분산된 미국 국내 주식형 펀드는 언제나 최고의 투자 방법 중 하나다. 채권 펀드, 인컴 펀드(income funds: 정기적으로 이자와 배당을 얻는 펀드-옮긴이), 주식채권 혼합 펀드, 산업별 펀드나 해외 펀드까지 알 필요가 없다. 모든 종류의 펀드에 대해 관심을 가질 필요는 없다.

또한 대다수 실질적인 성장은 미국 증권거래소에서 거래되는 기업에서 발생하므로, 당신이 잘 아는 익숙한 기업에 투자하는 펀드에 집중하는 게 어떨까?

나는 대부분의 경우에 벤처기업, 대부업, 미술품, 동전, 저축 및 대출 계좌, 신탁 증서나 부동산에 투자하기보다는 펀드가 더 괜찮고 안전하며 현금화하기에도 좋은 투자라고 생각한다.

당신은 어떤 유형의 펀드를 선호하는가?
—

주식형 펀드는 대부분 가격이 저평가돼 있다고 여겨지는 종목에 투자하는 가치주 펀드, 아니면 이익이 확대되는 기업에 집중하는 성장주 펀드라고 할 수 있다. 대형주나 소형주로 특화할 수도 있다. 운용 대상 자산 면에서 보면, 더 감소하거나 증가할 수도 있다.

어찌 되었든, 검증된 기본 형식을 지켜야 한다. 단순하게 유지하라. 초소형주 펀드든, 펀드 오브 펀드(funds of funds: 여러 개의 펀드를 모아 만든 펀드-옮긴이)든, 새로운 폐쇄형 펀드든 뭐든, 최신 유행 펀드는 필요 없다.

당신이 선택한 펀드가 그해에 최고로 좋은 성과를 올린 펀드일 필요는 없다. 〈인베스터스 비즈니스 데일리〉의 '뮤추얼 펀드' 표에서 A+나 A등급 펀드를 살펴보면, 펀드 투자를 잘할 수 있을 것이다. 〈인베스터스 비즈니스 데일리〉의 3년치 수익률 등급은 A+(수익률 상위 5% 이내 펀드)부터 E(수익률이 가장 저조한 펀드)까지 모든 펀드의 등급을 매긴다. 또한 움직임이 빠르고 변동성이 제일 심한 펀드는 피해야 한다. 그런 펀드는 거래량이 매우 적은데다 우량하지 못하고 제대로 입증되지 않은 종목에 투자하기 때문이다. 해당 펀드 규모가 커지거나 약세장 국면에 직면할 경우, 이런 종목들은 매매가 잘 이루어지지 않을 것이다.

뮤추얼 펀드는 언제 환매해야 하는가?
—

뮤추얼 펀드에 투자할 때 성공하는 진짜 비결은 딱 하나다. 모든 사람이 이를 모르는 게 아니라, 참을성 있게 실행하지 못할 뿐이다. 비결은 단순하다. 다양한 성장주로 이루어진 미국 뮤추얼 펀드를 절대로 환매하지 않는 것이다. 말하자면, 죽을 때까지 보유하는 것이다.

이유는 다음과 같다. 지난 200년 동안의 미국 주식시장 평균을
표시한 로그 차트(주가를 기준으로 그리는 일반 차트는 최근 주가를 과장
되게 보여줌. 이와 달리 로그 함수를 활용해 그리는 로그 차트는 주가 등락률
을 기준으로 그려서 주가의 추세를 왜곡 없이 살펴볼 수 있음-옮긴이)는 인
구, 경제, 생활 수준이 꾸준히 향상됨에 따라 미국 시장이 지속적
으로 성장했음을 보여준다. 이를 살펴볼 수 있도록 아래의 로그 차
트를 살펴보자.

장기 주가 추이

미국 주가는 200년 이상 상승세를 이어가고 있다.

인위적인 손길이 닿지 않은 이 성장률은 미국이 제2차 세계대전에서 승리한 후 가속화되었다. 미국은 전쟁, 경기 침체, 불황 같은 것들을 겪었지만 회복해왔다. 자유와 기회에 대한 미국의 자본주의 체제는 전 세계에서 가장 성공적인 것으로 증명되었다. 발명과 혁신은 우리의 유례 없는 발전에 지속적으로 동력을 불어넣고 있다. 두려움이나 부족한 정보로 인해 수많은 사람이 미국의 체제, 국민성, 경제의 깊이와 강도를 계속해서 과소평가한다.

다른 모든 것과 마찬가지로, 뮤추얼 펀드 투자를 하는 동안 몇 년간 하락세를 겪을 수도 있다. 하지만 동요하지 말라. 전문적으로 운용되는 잘 분산된 포트폴리오가 미국 경제 회복과 함께 때맞춰 반등할 것이기 때문이다.

현명하게 고른 펀드는 5~6년마다 가치가 2배씩 상승할 수 있다. 복리의 원리 때문이다. 복리는 점점 더 많은 돈이 당신을 위해 끊임없이 일하게 할 것이다.

만약 5,000달러로 투자를 시작하면, 5~6년이 지난 후에는 1만 달러가 되어 있을 것이다. 거기서 5~6년이 더 지나면 1만 달러짜리 뮤추얼 펀드 포트폴리오에 1만 달러가 더 늘어난 것을 보게 될 것이다. 그 이후에는 2만 달러가 4만 달러로, 그리고 그다음에는 8만 달러가 되는 식으로 불어나는 것을 보게 될 것이다.

여기서 핵심은 복리의 마법이다. 내가 괜찮은 미국 성장주 펀드를 절대로 환매하지 말라고 하는 이유가 바로 이것이다. 당신이 그저 펀드를 팔아치우지 않고 영원히 투자할 만한 분별력을 갖추고만 있다면, 복리는 당신을 상상을 초월하는 부자로 만들 것이다. 걱정하지 말고 매도하지 말고 가만히 있기만 하라.

이 시나리오가 몇 회전 더 돌아가면, 당신의 8만 달러는 16만 달러가 되고, 16만 달러는 32만 달러로 대폭 불어날 수 있을 것이다. 첫 금액으로 5,000달러를 투자하기만 하면 이룰 수 있는 일이다! 만약 매달 혹은 매년 추가 투자하고, 약세장에 대량 주식 매도가 나타날 때마다 펀드에 자금을 더 투입한다면, 훨씬 더 많이 벌어들일 것이다. 오늘날 미국인 누구나 뮤추얼 펀드에 장기 투자하면 백만장자가 될 수 있다.

65세나 70세가 되었다고 해서 전부 환매할 필요는 없다. 소득이 필요할 경우에는 월별 또는 분기별로 인출 계획을 세워서 자금의 7% 또는 8%씩만 환매하라.

펀드는 여러 개를 보유해야 하는가?
—

시간이 꽤 지난 다음에 두 번째나 세 번째 펀드에 투자하는 것은 괜찮다. 성장주 펀드, 가치주 펀드 또는 인덱스 펀드를 다 원할 수도 있다. 그러나 펀드를 8~10개씩으로 나누어 보유할 필요는 없다. 그러면 수수료 때문에 연간 3% 또는 4%의 전체 수익률을 잠

식할 수 있기 때문이다. 펀드를 지나치게 많이 분산해 투자하면 역효과가 날 수 있다.

대부분의 뮤추얼 펀드 회사들은 20개에서 50개 이상의 대형 펀드 계열big fund family을 갖추고 있다. 그들은 시장의 모든 장세(강세장이든 약세장이든)와 모든 수요에 대응하기 위해 다양한 펀드들을 내놓는다. 다양한 펀드 옵션을 활용할 수 있기 때문에, 자산 배분asset allocation이 인기 있는 것은 당연하다. 자산 배분이란 포트폴리오의 일정 비율을 여러 유형의 투자 대상이나 펀드에 할당하는 것을 말한다.

그러나 나는 자산 배분 프로그램을 전폭적으로 지지하지는 않는다. 자산 배분 프로그램이 안전성을 더해주는 면이 있긴 하지만, 전체 연간 수익률을 거의 항상 떨어뜨릴 것이기 때문이다. 그리고 광범위한 분산투자를 할 때 펀드에 높은 수수료가 일괄 적용되면 비용이 훨씬 더 많이 들어갈 수 있다.

아울러 자산 배분은 투자 자산 내 비중이 큰 어느 특정 분야를 비중이 작은 다른 분야로 갈아타는 경우에만 권한다. 이런 갈아타기가 시간이 지난 후 투자 성과 개선으로 이어지는 것은 아니다. 이렇게 자산을 만지작대는 모든 행위는 연간 수익률의 몇 퍼센트는 더 날려버릴 것으로 추정된다. 왜냐고? 역사적으로 볼 때 대부분의 업계 관계자들은 시장의 최고점과 최저점, 아니면 추세 변화 예측에 진짜 전문가가 아니기 때문이다.

나는 또한 펀드 운용 수수료가 낮은지 높은지, 포트폴리오 회전율과 수수료가 낮은지 높은지도 고민하지 않겠다. 강력한 순수익률 기록이 핵심이다. 펀드의 수수료나 보유 종목을 매매하는 행위와는 상관이 없다. 당신이 심장 수술을 받아야 하는 상황이라면 가장 저렴한 수술비를 부르는 의사를 찾아가겠는가?

그리고 나는 규모가 커졌다는 이유로 투자하던 펀드를 갈아타지 않을 것이다. 자본 규모가 훨씬 커진 주식에 투자하는 시대에는 아마도 큰 규모의 펀드가 유리할 수 있다. 피델리티의 마젤란이나 야누스 펀드를 아직도 보유하고 있는 사람들은 여전히 수익을 복리로 불리고 있으며, 1990년대 후반에는 두 펀드 모두 상승률이 S&P 500보다 훨씬 더 높았다.

요점 정리

- 성장주든 가치주든 분산이 잘 된 미국 주식형 펀드가 최고의 선택이다.
- 〈인베스터스 비즈니스 데일리〉에서 A 또는 A+ 등급을 받은 펀드를 선택하라. 최근 36개월 동안 최고의 수익률을 기록한 펀드들이다.
- 미국 성장주 뮤추얼 펀드를 절대로 환매하지 말라. 보유한 상태에서 앞으로 수년 동안 그 펀드의 복리 수익 증가를 지켜보라.
- 지나치게 많은 펀드에 투자하지 말라. 광범위한 자산 배분은 전체 수익률을 감소시킬 것이다.
- 복리의 마법이야말로 뮤추얼 펀드로 100만 달러를 벌어들이는 비결이다.

너무 바쁘다고?
<인베스터스 비즈니스 데일리>
20분 활용법

정보가 쏟아지는 요즘 시대에 뒤처지지 않으려는 바쁜 경영자, 전문가 또는 개인투자자라면 제23강은 매우 중요한 수업이 될 수 있다.

<인베스터스 비즈니스 데일리>는 그날의 모든 주요 뉴스를 효율적으로 보여주면서도 수익성 있는 투자 판단 리서치에 걸리는 시간을 대폭 줄일 수 있도록 특별하게 설계되었다. 하지만 지금의 웹사이트와 당시의 메뉴 구성이 다른 만큼 이를 감안하고 볼 필요가 있다.

Lesson 23

Too Busy? How to Use Investor's Business Daily in Twenty Minutes

투자자들이 새로운 뉴스를 빨리 살펴보기 위해서는 어느 면을 읽으면 좋은가?

—

앞 페이지 첫 부분에 2열로 배치된 'IBD 10대 뉴스'와 세 번째 열에 있는 자그마한 네모 칸에 요약된 '시장The Markets'을 빠르게 훑어보라. 관심이 가는 짧은 기사는 읽어보라. 그런 다음 A2 페이지 '핵심To the Point'에 나오는 기사 제목들을 재빨리 훑어보고 중요해 보이는 간단한 요약 내용만 읽어본다.

〈인베스터스 비즈니스 데일리〉의 첫 두 페이지는 귀중한 시간을 절약하면서 그날의 모든 주요 뉴스 항목을 볼 수 있도록 설계된 '간추린 뉴스briefs'로 정리되어 있다. 요즘에는 신문을 두세 개씩 읽고

TV 뉴스도 볼 시간이 있는 사람은 거의 없다.

당신이 경영자이거나 경력을 쌓는 데 관심이 있다면, 〈인베스터스 비즈니스 데일리〉의 처음 몇 개 페이지를 읽는 데에 시간을 더 많이 할애해도 좋다. 이러한 내용의 심층기사를 다루는 다음 헤드라인들을 들여다보라.

- 새로운 미국The New America : 신사고·신개념·신제품을 갖추고 역동적인 기업가 정신을 지닌 기업을 다루는 지면. 이들이 바로 신시장의 선두주자다.
- 리더&성공Leaders&Success : 세계적인 리더와 분야별로 가장 성공한 사람들로부터 중요한 지식을 얻을 수 있는 지면. 더욱 성공할 수 있는 실질적인 통찰력을 얻을 수 있다.
- 비즈니스&경제Business&the Economy : '리더 & 성공'과 더불어 관리직이라면 누구나 반드시 읽어야 하는 지면이다.
- 컴퓨터&기술Computers&Technology : 첨단기술 이슈와 제품을 집중적으로 다루는 지면. 실리콘 밸리 지국에서 노련한 기자들이 작성한다. 시간이 더 있다면 나중에 읽고 싶은 기사를 메모하라.

독자들은 시장 정보를 어디에서 찾아야 하는가?

―

〈인베스터스 비즈니스 데일리〉 지면에서 다루는 주식시장 정보를 들여다보기에 앞서서, 이 정보가 어떻게 개발되었는지에 대한 맥락을 아는 게 중요하다.

1953년 이후 나는 수년에 걸쳐 가장 성공한 종목들을 연구한 후, 〈인베스터스 비즈니스 데일리〉의 자매 회사에서 미국 역사상 최초로 종목 데이터베이스를 개발했다. 현재 이 회사는 9,600개의 뮤추얼 펀드뿐만 아니라 거의 1만 개 상장기업에 대한 3,000가지 이상의 데이터 항목을 추적하고 있다. 이 데이터베이스는 대다수 대형 기관투자자(뮤추얼 펀드, 은행 등)가 미래의 이기는 주식을 선별하기 위해 활용한다.

〈인베스터스 비즈니스 데일리〉는 실제로 매일 전체 시장을 컴퓨터로 출력해 평가한다. 광범위한 주식시장 연구를 바탕으로, 이기는 주식과 가장 관련성이 높은 요소들의 상대적 점수, 등급, 특수 검색을 제공한다. 이 내용을 다룬 연구에서 유의미하게 관련성이 낮은 것으로 입증된 항목은 결과표에서 제외된다. 〈인베스터스 비즈니스 데일리〉 주식 표에서 배당금, 주가수익비율PER 등에 할애하는 공간이 적은 것은 이 때문이다.

〈인베스터스 비즈니스 데일리〉에서 잠재적 시장 선도주를 어떻게 파악하면 되는가?

‒

〈인베스터스 비즈니스 데일리〉의 독특한 주식 표는 당신이 종목을 조사할 때보다 훨씬 적은 시간만 투입해도 그 작업의 80%를 얻을 수 있다. 뉴욕증권거래소NYSE 종목 표 페이지 맨 위에 있는 'IBD 스마트셀렉트SmartSelect™ 기업 등급 사용법' 네모 칸에 나오는 간단한 주식 등급 설명을 읽고 이해하는 방법을 배우는 게 좋다.

대다수 사람은 그저 자기들이 보유한 주식 가격을 확인하려고 주식 표를 사용한다. 이들은 〈인베스터스 비즈니스 데일리〉 표에서만 볼 수 있는 기가 막힌 정보를 잘 모르며 그 정보를 활용하는 방법도 배우지 않는다. 〈인베스터스 비즈니스 데일리〉는 지역 신문이나 〈월스트리트 저널〉의 비즈니스 지면과는 다르다. 이 매체는 중요한 분석과 등급을 다루는 광범위한 리서치 수단으로, 뛰어난 새로운 투자 아이디어를 파악하는 데 도움이 되도록 설계되었다. 언제나 펜을 들고 있다가 더 조사하고 싶은 종목이 보이면 적어 두라.

이러한 모든 사항을 염두에 둔 상태에서, 〈인베스터스 비즈니스 데일리〉를 어떻게 활용하면 좋을까? 새롭고 뛰어난 아이디어를 찾고 시장에서 일어나는 상황을 어떻게 철저하게 파악할 수 있을까?

내가 가장 먼저 보는 곳은 NYSE와 나스닥 주식 표의 첫머리에 있는 '대규모 자금 흐름 종목Where the Big Money's Flowing'이다. 이 목록은 (대형 전문기관 매수/매도를 보여주는) 정상적인 거래 수준과 비교해 거래량이 가장 많이 증가한 종목들을 골라서 보여준다. 나는 주가가 오른 종목의 기업명을 본 다음, 굵은 글씨로 적힌 기업명을 재빨리 훑어본다. 그런 다음 NYSE와 나스닥 주식 표를 살펴본다. 굵은 글씨로 표시된 기업들만 훑는다.

〈인베스터스 비즈니스 데일리〉는 하루에 1달러 이상 상승한 종목과 최고가를 경신하는 종목(강세 신호)을 굵은 글씨로 표시한다. 나는 IBD 스마트셀렉트™ 기업 등급이 높으면서 굵은 글씨로 표시된 몇몇 종목에 동그라미를 그려 넣는다. 이런 종목들은 대체로 내게 친숙한 종목들인데 새로 투자해도 괜찮을지 더 확인해 보곤 한다.

그다음에는 '실적 뉴스Earnings News'의 '최고 상승 종목Best Ups' 목록에 있는 기업명을 살펴본다. 이 부분에서는 최근 발표한 분기별 이익이 가장 많이 증가한 기업을 집중 조명한다.

〈인베스터스 비즈니스 데일리〉에 있는 종목 리스트, 특수 검색, 개별 '미니 차트' 외에도, 뮤추얼 펀드 섹션은 상위권 뮤추얼 펀드 매니저들이 주목하는 잠재적인 새로운 시장 선도주를 파악하기에 아주 좋은 곳 중 하나다. 구체적으로 얘기하자면, 나는 '미국 10대 지주회사', '매도 상위종목', 특히 한 해 동안 강세를 보였던 뮤추얼 펀드 2~3곳의 '신규 매수 상위종목' 가운데 2~3개 종목을 확인한다. 이런 정보는 '뮤추얼 펀드로 돈 벌기Making Money in Mutuals' 페이지의 뮤추얼 펀드 프로필에 나온다.

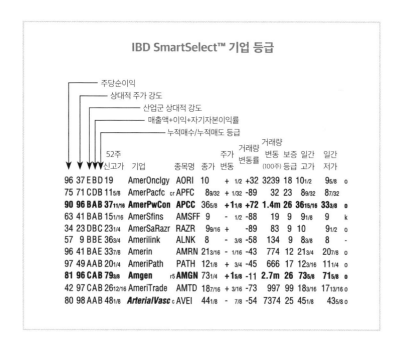

일반적으로 IBD 스마트셀렉트™ 등급이 우수하면서 좋은 펀드들이 매수도 하는 종목은 굵은 글씨로 표시된 15개 또는 20개 종목 가운데 1종목뿐이다. 시간이 지나면, 뮤추얼 펀드들이 관심을 나타내면서, 제대로 된 주가 패턴이나 그 외 누적매수(전문기관 매수) 신호가 그려진 차트를 보여주는 굵은 글씨로 표시된 종목들을 더욱 쉽게 알아볼 수 있을 것이다. 이렇게 대단히 선별적으로 걸러

윌리엄 오닐의 이기는 투자

내는 과정을 거친 후, 추가 분석 및 매수 후보용으로 소수의 최고 등급 종목만 기록해야 한다.

차트 서비스에 접속하면 추가 리서치 시간을 절약할 수 있다. 더 자세히 배우면 종목 선별하기와 적절한 투자 시점 찾는 실력을 향상시킬 수 있을 것이다.

시장 및 업계 추세는 어떻게 파악하는가?

나는 당신이 '전체 시장&섹터General Market&Sectors' 페이지에 있는 '빅 픽처The Big Picture'를 날마다 읽어봤으면 한다. 시장에서 일어나는 중요한 일들을 전문가의 눈으로 요약해서 차근차근, 첨부된 차트의 주요 지표를 언급하며 종합적으로 분석해줄 것이다. 나는 나스닥, S&P 500, 다우 지수의 일일 수치, 거래량 차트, 당일 등락률 변화도 확인한다.

그다음으로는 첨부된 '산업군' 페이지에 나오는 〈인베스터스 비즈니스 데일리〉의 '52주 고가&저가' 부문('신고가' 목록)에서 신고가에 오른 종목이 가장 많은 상위 5개 산업군을 항상 관찰해야 한다. 여기는 언제든 시장에서 선도적인 산업을 파악하기 좋은 곳이다. 마지막으로 '대형 성장주 펀드 대 소형 성장주 펀드'가 나오는 조그만 차트를 재빨리 살펴보면, 시장을 선도하는 게 대형주인지 소형주인지 알게 된다. 이렇게 하면 대규모 매수세가 몰린 주식 쪽에 포트폴리오를 집중할 수 있게 된다.

〈인베스터스 비즈니스 데일리〉는 단순한 신문 그 이상이다. 검증된 과거 모델을 바탕으로 한 우수한 리서치 수단으로, 최고의 산업에서 최고의 기업을 효율적으로 공략할 수 있게 해준다. 매일 〈인베스터스 비즈니스 데일리〉를 20~30분 정도만 살펴본다면 성공적인 투자로 이어질 수 있다.

요점 정리

- 〈인베스터스 비즈니스 데일리〉는 당신의 시간을 절약해주면서 그날의 중요한 뉴스를 모두 볼 수 있도록 설계되었다.
- '새로운 미국', '컴퓨터&기술' 및 '투자자 코너' 같은 지면에는 새로운 투자 아이디어가 가득하다.
- 〈인베스터스 비즈니스 데일리〉의 독특한 주식 표는 잠재적인 주식시장 선도주를 선별하는 데 도움이 된다. 이 표에는 살펴보고 활용하기 쉬운 〈인베스터스 비즈니스 데일리〉만의 분석 자료가 들어 있다.
- 주식을 선택하기 전에 전체 시장을 파악할 수 있어야 한다. '전체 시장&섹터' 페이지의 '빅 픽처'는 현재 시장에서 어떤 일이 벌어지고 있는지 알려줄 것이다.

〈인베스터스 비즈니스 데일리〉, 인베스터스닷컴을 활용하는 법

인텔리퀘스트^{Intelliquest}에서 〈인베스터스 비즈니스 데일리〉를 〈월스트리트 저널〉, 〈포춘〉, 〈포브스〉, 〈비즈니스 위크〉, 〈배런스〉와 비교 분석한 결과, 〈인베스터스 비즈니스 데일리〉가 1위를 차지했다. 〈인베스터스 비즈니스 데일리〉 독자들은 컴퓨터를 잘 다루며, 많은 사람이 온라인 사이트와 함께 이 매체를 이용해 잠재적인 투자 대상을 파악하고 연구하고 있다.

Lesson 24

How to Make the Most of Investor's Business Daily, Investors.com

리서치 수단으로써 인터넷을 어떻게 생각하는가?

—

요즘에는 인터넷에서 찾지 못하는 게 거의 없다. 문제는 정보를 못 찾는 게 아니라, 오히려 우리가 전부 이해하기에는 정보가 지나치게 많다는 점이다.

인터넷에는 두 가지 다른 측면이 있다. 찾는 대상과 찾는 위치를 정확히 알고 있는 경우, 인터넷은 편리하며 시간도 절약할 수 있다. 반면에, 아이디어를 찾아다니며 엄청난 양의 데이터 중에서 옥석을 판단하려고 할 경우, 쉽게 길을 잃고 사이버 공간에 압도당할 수 있다.

〈인베스터스 비즈니스 데일리〉와 인터넷을 함께 사용하기도 하는가?

—

나는 〈인베스터스 비즈니스 데일리〉와 인터넷을 같이 쓰면 강력한 도구가 된다고 생각한다. 인터넷은 회사 재무제표와 주식 차트에서부터 신상품 광고 판촉물에 이르기까지 당신을 세상 모든 것과 연결할 수 있다. 하지만 이런 소음 한가운데에서, 당신에게 이용 가능한 모든 정보를 적절하게 평가할 시간과 전문지식이 충분히 있는가? 누구를 믿어야 할지 아는가? 그 정보는 어디에서 온 것인가? 당신에게는 이 모든 퍼즐 조각 사이에서 상대적으로 중요한 것을 감지하는 꽤 정확한 감이 있는가?

〈인베스터스 비즈니스 데일리〉는 명확하고 적절한 정보를 다룬다. 〈인베스터스 비즈니스 데일리〉를 정보를 걸러내는 시스템이라고 생각하라. 그것은 1만 개 넘는 분석대상 종목 사이에서 잠재적인 선도주를 공략할 수 있도록 특별한 화면을 제공한다. 〈인베스터스 비즈니스 데일리〉는 현재 이용 가능한 주식에 대한 (아마도) 가장 포괄적이면서도 광범위한 데이터베이스를 활용한다.

이것은 피델리티 펀드, JP모건, 퍼트넘 등 400여 군데 넘는 대형 기관이 리서치에 활용하는 데이터베이스와 동일하다. 아울러 높은 수익률을 기록한 대다수 종목의 구체적인 기준에 대해 수년 동안 진행한 연구에서 도출된 미국 유일의 데이터베이스다.

〈인베스터스 비즈니스 데일리〉는 당신이 하고자 하는 대다수 리서치 작업을 대신할 수 있게끔 설계되었다. 상대적인 투자 가능성을 확인하기 위해 1만 개의 종목을 추적해 매일 스프레드시트를 업데이트하고 수백 가지 기업별 변수를 비교하는 데 당신은 비용을 얼마나 들이겠는가? 그리고 당신의 시간은 얼마나 가치가 있는가? 인터넷을 탐색하고, 다양한 사이트에서 이런저런 정보들을 찾아낸다고 해서 전체 그림을 간단하게 볼 수 있는 건 아니다.

인터넷에는 어떤 문제가 있다고 생각하는가?
—

우리는 흔히 인터넷에 대해 안전하다고 여기곤 한다. 사용자가 쉽게 이용할 수 있는 정보의 양이 너무나 많다 보니 대다수 사람은 정보 제공업자에게 내재된 성향을 고려하지 않는다. 정보 제공업자들이 서비스 요금을 청구하든 청구하지 않든 간에, 인터넷상 대다수 조직은 마음에서 우러나오는 친절 때문에 존재하는 게 아니다. 오히려 모든 웹사이트는 비즈니스다. 건전한 웹사이트가 많긴 하지만, 실제로 주식 판촉 사업을 위해 정보를 제공하는 업자들도 많이 있다.

상대적으로 인터넷은 자유롭다 보니 남용할 가능성도 생긴다. 수많은 사람이 인터넷에서 피해를 당했다. 증권거래위원회SEC는 인터넷을 통해 투자자들을 끌어들이고 이용해먹은 많은 조직들을 조사하고 있다.

〈인베스터스 비즈니스 데일리〉는 미국의 산업/금융 관련 시장에 대한 사실과 데이터를 독립적이면서도 객관적으로 제공한다. 객관적인 데이터를 활용하면 감정에 좌우되는 결정이 줄어든다. 채팅방과 게시판에서 접한 정보를 활용할 경우, 이따금 주식과 관련해 거의 해로운 수준으로 흥분하거나 감정이 격해진 상태에서 투자 결정을 내릴 수 있다.

이것은 때때로 집단적인 심리를 조장하며 중요한 사실보다 과대선전물을 바탕으로 서둘러 쉽게 결정하도록 만든다. 매일 우리는 인터넷을 사용해 투자 아이디어를 얻었다는 수백 명의 구독자와 이야기를 나눈다. 하지만 이 구독자들은 그 후에 객관적인 확인 또는 검증 수단으로 〈인베스터스 비즈니스 데일리〉를 활용한다.

광고와 사실을 구분하고자 한다면, 해당 기업 웹사이트를 비롯해, 기업 정보가 정리돼있는 에드가 데이터베이스(www.sec.gov/edgar.shtml)[4] 및 증권거래소 웹사이트에 들어가 볼 것을 권한다. 온라인 접속상태에서는 〈인베스터스 비즈니스 데일리〉의 웹사이트(www.investors.com)에서 뉴스, 리서치, 교육 안내서를 확인하라.

---

4   EDGAR(Electronic Data Gathering, Analysis, and Retrieval system): 미국 증권감독위원회에서 운영하는 기업 정보 제공 페이지-옮긴이

1만 개 이상 종목의 70가지 넘는 기본적 항목과 기술적 항목에 대한 정교한 차트 및 데이터를 제공할 수 있도록, 구독 기반 서비스인 데일리 그래프 온라인은 〈인베스터스 비즈니스 데일리〉와 동일한 데이터베이스를 사용한다. 무료 체험판이 필요하면, 데일리 그래프닷컴(현재는 '마켓스미스'로 업그레이드됨-옮긴이)을 방문하라.

요점 정리

- 인터넷에서 찾을 수 있는 정보가 너무 많아서 정보 속에서 허우적대기 쉽다. 최고의 주식을 찾기 위해서는 더 많은 정보를 찾아 인터넷에 들어가기에 앞서 〈인베스터스 비즈니스 데일리〉를 활용하라.
- 〈인베스터스 비즈니스 데일리〉는 가장 적절한 정보를 한 곳에서 제공해 당신의 시간을 절약할 수 있다.

24
Essential Lessons
for Investment
Success

성공 모델로부터
배우는 법

윌리엄 오닐은 많은 시간을 들여 주식시장과 인생에서 무엇이 효과적인지를 연구했다. 부록 A에서, 윌리엄 오닐은 성공 모델 연구가 왜 중요한지에 대해 논하고 연구 결과 중 일부를 공개한다.

성공 사례 살펴보기가 왜 그렇게 중요한가?
-

만약 가장 성공적인 주식과 투자자의 모델을 세우고 연구하지 않았더라면, 오늘날 〈인베스터스 비즈니스 데일리〉는 존재하지 않았을 것이다.

수년 전, 나는 그 당시 성과가 가장 뛰어난 뮤추얼 펀드가 2년 동안 투자했던 모든 신규 종목의 모델을 연구했다. 그 분석을 통해, 나는 최고의 주식 투자의 주요 특징과 그런 종목들을 매수하는 적절한 시기를 익혔다.

그 모델들을 살펴보면서 얻은 교훈, 그리고 내가 저질렀던 투자 실책에 대한 분석을 해봤기 때문에 아무것도 없이 시작한 지 몇 년만에 나는 뉴욕증권거래소에 자리를 잡을 수 있었다.

그 이후로 1953년부터 지금까지 우리는 모든 탁월한 상장기업의 모델을 지속적으로 구축하고 분석해왔다. 이러한 성공 모델로부터 얻은 정보와 원칙은 수많은 성공 투자로 이어졌으며, 그 결과 〈인베스터스 비즈니스 데일리〉를 창간할 수 있게 되었다.

〈인베스터스 비즈니스 데일리〉의 모든 귀중한 데이터, 차트, 통계를 뒷받침하는 견고한 바탕은 수년 간의 리서치, 모델 만들기, 실제로 작동하는 우리만의 주식시장 데이터베이스 구축에서 비롯되었다. 이는 또한 〈인베스터스 비즈니스 데일리〉를 활용해 수많은 사람이 성공을 거둔 까닭이기도 하다. 일단 〈인베스터스 비즈니스 데일리〉만의 독특한 등급, 차트, 화면을 활용하는 방법을 배우고 나면 투자 성과가 상당히 호전되는 것을 종종 볼 수 있다.

가장 성공적인 주식 모델 연구가 진짜 성공한 사람들의 특징을 파악하는 데에도 효과적인가?

이것은 우리도 스스로한테 던졌던 질문인데, 그렇다는 것을 알게 되었다. 우리가 10여 년 전에 성공한 사람들에 대해 처음 보도하기 시작했을 때, 어떤 사람들은 그게 얼마나 맞겠냐고 〈인베스터스 비즈니스 데일리〉에 의문을 제기했다. 〈인베스터스 비즈니스 데일리〉를 구독하는 사람들은 스스로를 개선하고 성장시킬 방법을 찾고 있었다.

〈인베스터스 비즈니스 데일리〉는 사업가, 운동선수, 예술가, 의사, 종교 및 사회 지도자 등 각계각층의 지도자 수백 명을 연구했다. 우리는 그들 대부분이 엄청나게 성공한 사람들의 중요한 특징 10가지를 공통적으로 갖추고 있다는 것을 발견했다.

이러한 특징은 우리의 '리더&성공' 페이지와 'IBD의 10가지 성공 비결'에 대한 영감을 불어넣었다. 이것은 기업 관리자와 미래의 리더, 심지어 아이를 키우는 부모에게도 훌륭한 교육 수단이다.

누구나 이런 긍정적인 이야기와 사례를 통해 배우고, 도움도 받고, 영감을 얻을 수 있다. 〈인베스터스 비즈니스 데일리〉의 '리더&성공' 페이지는 일반적인 전기(傳記)와는 다르다. 누군가가 행했던 실행 단계와 행동을 설명하기 위해 서술하는 수준을 넘어선다. 당신은 그들이 성공에 이르기 위해 극복해야 했던 장애물과 더불어 그들이 성공에 이른 방법을 살펴보게 될 것이다.

이런 것들은 평범한 사람들과 다르게 생각하면서, 새로운 습관을 만들고, 훨씬 더 높은 곳을 열망하는 데 활용할 수 있다.

성공한 사람들의 10가지 특징은 무엇인가?

—

연구 결과, 다음과 같은 일반적인 리더십 특징을 발견했다.

1 긍정적인 사고. 거의 예외 없이 성공한 사람들은 긍정적으로 생각한다. 그들은 실패가 아니라 성공을 생각한다. 그들은 상황이 얼마나 어려운지와는 무관하게 긍정적일 수 있어서, 장애물과 문제에 직면하더라도 회복한다. 태도가 운명을 결정한다.

1980년대에 LA 레이커스를 4번이나 우승으로 이끌었던 팻 라일리 미국 프로농구(NBA) 감독에 따르면, 그의 아버지는 다음과 같은 것을 가르쳐 주었다고 한다. "너에게 무슨 일이 일어났는지는 중요하지 않다. 중요한 것은 네가 그 일에 어떻게 반응하느냐다." 성공한 사람들은 부정적인 사람들이나 환경이 자기들을 성공의 경로에서 이탈하게 만들지 못하게 한다. 실제 문제를 극복할 수 있었던 성공한 사람들을 연구하라. 그들이 어떻게 했는지, 그래서 당신이 어떻게 하면 되는지를 찾아보라.

2 리더는 자신이 추구하고 원하는 것에 대해 의식하면서 결정을 내린다. 그러고 나서 그들은 목표에 도달하기 위한 구체적인 계획을 세운다. 무함마드 알리는 13세 때 몸무게가 115파운드밖에 나가지 않았을 때, 헤비급 세계 챔피언이 되겠다는 그 유명한 목표를 세웠다.

3 실행하지 않는 목표는 아무 소용이 없다. 우리는 리더와 성공한 사람들이 매우 행동 지향적이라는 것을 발견했다. 그들은 언제나 행동에 나선다.

월마트 창업자 샘 월튼은 샌디에이고에 있는 최초의 대형 할인점 중 한 곳인 솔 프라이스를 둘러보았다. 아칸소로 돌아오자마자 월튼은 건축가들에게 밤새도록 신규 샘스 클럽(월마트 계열 창고형 회원제 할인점-옮긴이)용 기획안을 작성하게 했다. 결정하는 즉시 행동할 수 있으며, 또한 그렇게 해야 한다.

4 성공한 사람들은 배우기를 멈추지 않는다. 그들은 책을 읽고, 기술을 습득하기 위해 추가로 훈련하고 멘토를 찾아다닌다.

우리 연구에서 알게 된 놀라운 발견은 성공한 사람들이 어렸을 때 했던 아주 특별한 두 가지를 바탕으로 성공할지를 거의 예측할 수 있다는 것이었다. 성공한 사람들은 초등학교 3학년 때부터 고등학교 시절까지 수많은 업무나 책임을 맡았으며, 모두가 어릴 때부터 독서광이었다. 대다수 사람은 책을 많이 읽지 않기 때문에, 책을 읽는 사람들은 리더가 되는 경향이 있다. UCLA 농구팀 감독 시절에 대학 농구 선수권 대회 우승을 10번이나 일구었던 존 우든은 다음과 같이 말했다. "뭐가 중요한지 모르면 아무것도 배울 수 없다."

5 의심할 여지 없이 성공은 끈기 있게 열심히 행한 결과물이다. 리더들은 성공을 단거리 경주가 아니라 마라톤처럼 여긴다. 그들은 좌절 속에 머물러 있지 않으며 절대로 포기하지 않는다.

비틀즈는 성공하기 전에 영국의 모든 음반 회사로부터 거절당한 적이 있다. 마이클 조던은 고등학교 시절 학교 농구팀에서 밀려났다. 알버트 아인슈타인은 수학 과목에서 낙제했다. 존 우든은 UCLA 농구팀 감독을 맡은 지 13년이 지나서야 전미 대학 농구선수권대회에서 우승했다. 토마스 에디슨은 이런 말을 한 적이 있다. "인생에서 실패한 다수는 그들이 포기했을 때 성공에 얼마나 가까이 다가갔는지 깨닫지 못한 사람들이다."

6 성공한 사람들은 세부 사항을 분석해 전체 사실을 찾아낼 수 있다. 이들 중 다수는 세부 사항이나 연구의 측면에서 평범한 수준을 훌쩍 넘어섰다는 점에서 완벽주의자로 여겨질 수 있다. 그들은 자기 자신도 분석했다. 성공한 사람들은 실수로부터 신중하게 배우고 더 나아질 수 있도록 자존심을 버렸다.

7 시간과 돈에 집중하는 것도 성공의 또 다른 중요한 특징이다. 돈을 아

끼고 시간에 집중하는 모습은 몇 번이고 나타났다. 성공한 사람들은 다른 사람이나 무언가 때문에 자기 목표에서 한눈을 팔지 않는다. 목표에 관해서 헨리 포드는 이렇게 이야기한 적이 있다. "사람은 낮에는 목표를 생각하고 밤에는 목표를 꿈꾸어야 한다."

8 성공은 종종 뭔가를 색다르게 하고 혁신적인 것을 의미한다. 대다수 성공한 사람은 남다르고 더 나은 업무 방식을 찾으며 그런 과정에서 종종 비난을 받는다. 알렉산더 그레이엄 벨이 그가 만든 새 전화기에 대한 이권 일부를 매각하겠다고 제안했을 때 웨스턴 유니언 대표는 "저런 재미있는 장난감으로 뭘 하겠소?"라며 제안을 거절했다. 샘 월튼은 사람들에게 다음과 같이 권했다. "대세를 거스르고, 다른 길로 가라, 통념을 무시하라. 만약 모든 사람이 한쪽으로만 움직일 경우, 당신이 정확히 반대 방향으로 가면 당신만의 틈새를 찾을 수 있을 것이다."

9 성공한 사람들은 다른 사람들에게 도움이 되도록 대하고 소통한다. 이들은 다른 사람들에게 가르침을 주고 동기를 부여하며 영감도 준다. 데일 카네기는 이런 주제를 다룬 최고 권위서《데일 카네기 인간관계론》을 저술했다.

10 장기적인 성공은 성실함에서 비롯된다. 연구 대상이었던 사람들은 정직하고, 믿음직하며, 책임감이 강했다. 그들은 주변 사람들에게 모범이 되었고 자기만의 원칙을 어기지 않았다. 이 마지막 특성이 없다면 1번부터 9번까지는 아무것도 아니었을 것이다.

누구든지 자신이 선택한 분야에서 최고가 되기 위해 노력할 수 있다. 주식 투자를 할 때와 마찬가지로 훌륭한 리더의 모델과 사례에서 추려낸 특성을 연구해 스스로에게 적용한다면, 당신도 더 큰 성공을 이룰 수 있다.

투자자들의
성공과 실패 이야기

당신은 시장에서 성공과 실패를 경험할 것이다. 이 모두가 더 나은 투자자가 되는 과정의 일부다. 하지만 다른 사람들의 실수뿐만 아니라 본인의 실수로부터도 배우는 것이 중요하다. 그래야 성장하고 미래의 실수를 최소화할 수 있기 때문이다. 부록 B에서 윌리엄 오닐은 그가 만난 투자자들의 성공과 실패를 공유한다.

유독 기억에 남는 개인투자자들의 사례가 있는가?

—

헬스클럽에서 운동을 하는데, 최근에 내게 다가와 1980년대에 우리 회사의 투자 세미나에 참석한 적이 있다고 하던 40대 남성 두 명이 기억난다. 나는 그들에게 그 후 투자를 어떻게 했느냐고 물어봤다. 한 사람은 자기가 정유회사 주식을 다수 보유하고 있으며 1998년에 약 20% 하락했다고 말했다.

그 주식은 모두 상대적 주가 강도 등급과 주당순이익EPS 등급이 낮았기 때문에 나는 그에게 그 주식을 선택한 이유를 물어보았다. 그의 대답은 다음과 같았다. "저는 장기 투자자로, 몇 년이든 그 주식을 계속 들고 갈 각오가 되어 있습니다." 이 신사는 입증된 규칙을 따르기보다는, 개인 의견과 감정을 따라 자신의 매매를 결정했다.

나머지 한 명의 이야기도 흥미로웠다. 그는 공인회계사였고, 대학에서 5년 동안 금융 및 회계 과목을 배우며 훈련받은 전문가였다. 그는 시장이 얼마나 미친 듯이 움직이는지, 죄다 말도 안 되고, 주가수익비율PER은 터무니없고 도를 벗어난 것 같다 등의 이야기를 나에게 계속 쏟아냈다.

주식시장에서 성공했느냐고 물어봤더니, 그는 1987년에 전부 날렸다고 말했다. 비우량주식을 주당 30달러에 잔뜩 사들였는데 그 주식이 폭락하더니 주당 3달러까지 주저앉았다는 것이다. 나는

윌리엄 오닐의 이기는 투자

그에게 8% 손실이 나타나면 처분하라는 것이 1번 규칙인 이유가 바로 이것임을 상기시켰다. 1번 규칙을 지켰다면 회복할 수 없는 손실을 입지 않았을 거라고 말이다.

그는 우리가 발간했던 교육용 테이프, 책, 안내 책자를 전부 갖고 있었다. 이런 정보를 자신이 실제로 살펴보고 읽었으면서도 실행하지 않았다는 것에 대해서 씁쓸한 표정을 지으며 다소 민망해했다.

자존심과 과신은 투자 결정에 어떤 영향을 미치는가?
—

지능지수IQ가 높은 매우 똑똑한 사람들은 수년간 훈련하고 학교 교육을 받으면 각자 선택한 직업에서 전문가가 된다. 하지만 주식시장에서 크게 성공하는 문제의 경우, 훈련과 노력으로 동일한 연관관계를 만들지 못한다고 생각하기 쉽다.

앞선 사례의 두 사람 모두 똑똑했으며 주식 투자가 아닌 다른 부분에서는 상당히 성공했다. 하지만 높은 IQ는 주식시장에서 전혀 의미가 없다. 지능은 대개 자존심과 과신으로 이어지곤 하므로 투자에서 오히려 불리하게 작용할 수 있다. 수년 동안 나는 시장에서는 자존심이 치명적이라는 것을 알게 되었다. 사람들은 배우기를 멈춘 채 자기한테 편한 습관을 버리고 과거 패턴과 다르게 일하는 방법을 받아들이지 않으려 한다. 자기가 시장보다 똑똑하다는 것을 증명하고 싶어서다.

규칙을 잘 지킨 사람의 사례를 들 수 있는가?
—

몇 달 전 어느 40대 여성이 강연에 참석해 내게 고맙다고 인사했다. 그녀는 시장에서 자신이 생각했던 것 이상으로 훨씬 좋은 성과를 냈다고 말했다. 그녀는 배운 내용 그대로 갭, 인텔, 시스코 시스템즈, 마이크로소프트와 같은 주식들을 매수했다. 바로 EPS와 상대적 주가 강도 등급이 높고, 이윤 폭이 크면서, 각 분야별 선도 기업인들이었다.

어느 세미나가 시작하기 직전에 다가왔던 또 다른 여성은 내게 자신의 두 아들을 인사시켰다. 그녀는 투자에 대해 배울 수 있도록 세미나에 아이들을 데려왔다. 인사를 시킨 후 아이들이 말소리가 들리지 않을 정도의 거리까지 가자 그녀는 그저 규칙을 지켜 100만 달러 이상 벌었다고 내게 귓속말로 이야기해주었다.

몇 년 동안 약 30번의 무료 〈인베스터스 비즈니스 데일리〉 세미나에도 참석하고, 11개인가 12개인가의 유료 워크숍에도 참여했던 청년이 있었다. 그는 1년 동안 150%의 수익률을 기록했으며 몇년 동안 1,000% 이상의 수익률을 올렸다. 나는 그가 세미나에 계속 나오는 이유가 궁금했다. 그는 나에게 이렇게 말했다. "중요한 모든 것에 계속 집중하고, 모든 외부 '소음'으로 인해 중요한 것에서 벗어나지 않으려고 계속 세미나에 참석해요."

몇 년 전 어느 세미나 질의응답 시간에는 어떤 노인이 일어섰다. 그는 우리가 홈디포에 대해 언급했던 1980년대 중반에 자신이 세미나에 참석했었다고 청중들에게 말했다. 그때 그는 철저히 조사를 마치고는 홈디포 주식 1,000주를 매수했다. 이번에 그가 다시 세미나에 참석한 것은 보유하고 있는 홈디포 주식을 어떻게 해야 하는지 내게 물어보기 위해서라고 했다. (홈디포는 겨우 8번만 분할됐다!) 나는 그에게 캐딜락을 사서 즐기라고 말해주었다.

나는 주식시장에서 번 돈으로 남동생의 의과대학 등록금을 마련한 여성을 만난 적도 있다.

더 하고 싶은 이야기가 있는가?
—

1998년 여름 헬스클럽에서 운동을 하던 시절, 청년 두 명이 야후가 얼마나 고평가되었는지에 대해 이야기하는 것을 들은 적이 있다. 나는 우연히 그 주식을 몇 주 보유하고 있었다. 모든 불신의 목소리가 들려오고 시장이 일반적으로 대중을 실망시키고 있음을 알게 된 후, 나는 야후의 가치가 어쩌면 더 높은 곳을 향하고 있음을 깨달았다. 다음으로, 그들의 이야깃거리는 그중 한 사람이 며칠 전에 매수한 주당 1.50달러짜리 주식에 대해 다른 한 명에게 말하는 것으로 바뀌었다.

나는 헬스클럽에서 누군가가 다음과 같은 '현명한' 조언을 하는 것을 두 번 들어봤다. "만약 당신이 그 종목을 매수했는데 주가가 하락하는 경우, 그냥 더 매수하라. 그러면 다시 그 주가로 회복할 것이다." 그러나 내가 아는 바로는, 하락했던 주식이 전부 주가를 회복하는 건 아니다.

마지막으로 생각나는 게 있다면?

아이들과 함께 세미나에 참석했던 여성과 마찬가지로, 많은 학부모와 교사들이 〈인베스터스 비즈니스 데일리〉를 활용한다. 아이들에게 재무적 권한 위임에 대해 가르치고 향후 몇 년 동안 아이들이 좋은 기회를 얻을 수 있도록 하기 위한 것이다. 매사추세츠주의 어느 7학년(한국에서는 중학교 1학년-옮긴이) 그룹은 주식투자대회에서 전문 펀드매니저들보다 좋은 성과를 냈는데, 이들은 〈인베스터스 비즈니스 데일리〉를 활용하곤 했다.

〈인베스터스 비즈니스 데일리〉는 투자 교육 수단일 뿐만이 아니라 인생을 가르치는 수단이기도 하다. 나는 아이들에게 '리더&성공' 페이지를 읽어보라고 가르치는 부모들이 우리에게 보내는 편지와 이메일이 받을 때마다 기쁘다.

그리고 그 페이지를 읽는 사람은 아이들만이 아니다. 최근 나는 주 교도소에 수감된 한 청년으로부터 감동적인 편지를 받았다. 그는 '리더&성공' 페이지가 자신과 다른 수감자들에게 인생과 그들이 사회에 복귀하면 무엇이 그들을 기다리고 있는지에 대해 생각하는 새로운 방법을 찾을 수 있게 해주었다고 했다.

나는 당신이 투자와 직업, 개인 인생의 성공을 찾는 데 이 책의 여러 수업 내용이 도움이 되기를 바란다. 자기들의 성공을 우리와 공유하고 싶어 하는 사람들로부터 매일 받는 모든 사연에도 감사드린다. 당신의 인생 모든 분야에서 계속 성공하기 바란다. 행운을 빈다!

24
Essential Lessons
for Investment
Success

권장 도서 목록

《최고의 주식 최적의 타이밍How to Make Money in Stocks》, 윌리엄 J. 오닐

《목숨을 걸고 투자하라The Battle for Investment Survival》, 제럴드. M. 로브

《테이프 판독 및 시장 전략Tape Reading and Market Tactics》, 험프리 닐

《주식 매매하는 법How to Trade in Stocks》, 제시 리버모어

《어느 주식투자자의 회상Reminiscences of a Stock Operator》, 에드윈 르페브르

《수준 높은 투자자The Sophisticated Investor》, 버튼 케인

《나는 주식투자로 250만불을 벌었다How I Made 2,000,000 in tne Stock Market》, 니콜라스 다비스

《나만의 이야기My Own Story》, 버나드 바루크

《전설로 떠나는 월가의 영웅One Up on Wall Street》, 피터 린치

《주식 매수법(초보자용)How to Buy Stocks (for beginners only)》, 루이 엥겔

〈인베스터스 비즈니스 데일리Investor's Business Daily〉

가격 패턴 : (기준 패턴^{Base} 참조)

(지수 중 하나의)**가격 지연**Stalling of price(on one of the indices) : 시장 지수(다우, S&P 500 또는 나스닥 종합) 중 하나에서 발생하는 가격 움직임 유형을 나타내는 용어. 며칠간 눈에 띄게 상승했다가 전날보다 늘어난 거래량에서 지수가 간신히 상승하거나 변동이 없거나 약간 하락할 때 발생한다. 이는 해당 시점 지수에서 누적매도 또는 매도를 나타낸다.

(가격)**갭**Gap(in price) : 전날 거래가격 범위보다 더 높거나 낮은 몇몇 지점에서 주가가 출발하는 상태. 일별 주가 변동 차트에서 확인할 수 있다. 갭에는 두 가지가 있다. 하나는 종목이 패턴을 벗어나자마자 급등하는 갭, 그리고 주식이 몇 주 동안 상승한 후 최근 패턴상 매우 과열되어 주가 정점에 근접한 소멸 갭이다(소멸 갭Exhaustion gap 참조).

(가격)**과열**Extended(in price) : 주식의 '피봇pivot'이나 적정 매수 시점보다 주가가 상승해 매수하기에는 리스크가 더 높은 것으로 여겨지는 지점을 묘사하는 기술적 분석 용어.

(이익의, 매출액의)**가속**Acceleration(in earnings, in sales) : 기업의 강도를 나타내는 지표. 일반적으로, 가속은 분기별 이익 또는 매출액 성장률의 증가를 나타낸다. 가장 강한 기업들은 최근의 각 3개 혹은 4개 분기 동안 더 큰 성장률을 보인다. 예를 들어 XYZ사의 이익 증가율은 (1분기)+20%, (2분기)+27%, (3분기)+52%, (4분기)+59%와 같을 수 있다(이익 증가 Earnings growth 참조).

가치 투자 Value investing : (저PER, 저PBR 등) 저평가 상태로 여겨지는 기업에 초점을 둔 투자 전략. 가치주는 일반적으로 저렴한 가격에 좋은 가치를 지닌 것으로 평가된다. 이 전략은 펀더멘털에 중점을 두고 기술적 분석에는 관심이 적다. 가치 펀드는 저평가된 주식에 투자하는 뮤추얼 펀드다.

강세장Bull market : 다우존스 산업평균 지수, S&P 500 지수, 나스닥 종합 지수가 일반적으로 상승하는 전반적인 시장 주기로, 수개월 또는 수년의 기간이 될 수 있다.

거래량 비율 변동치 Volume Percent Change : 〈인베스터스 비즈니스 데일리〉에서만 제공하는 것으로, 주식의 비정상적 거래를 알려준다. 이 측정값은 최근 50거래일 동안의 일일 평균 거래량을 추적해 전날 거래량 평균보다 얼마나 높거나 낮은지 보여준다. 해당 주식에 들어오고 나가는 기관 자금의 흐름 추적에 도움이 된다.

거래량Volume : 일별 또는 주별로 거래되는 주식 수. 주식에 대한 수요와 공급을 해석하는 중요한 열쇠 중 하나.

경기 방어 주식/산업군/섹터 Defensive stocks/industry groups/sectors : 대다수 투자자가 일반적으로 훨씬 안정적이면서 상대적으로 더 안전하다고 여긴다. 해당 분야로는 유틸리티(전기, 수도, 가스 등-옮긴이), 담배, 식음료, 비누, 청량음료, 슈퍼마켓 등이 있다. 주요 상품 산업과 반복 구매 제품들이 대표적이다.

경기 순환 주식/산업군/섹터 Cyclical stocks/industry groups/sectors : 경기 순환에 따라 오르내리는 주식, 산업 또는 섹터. (예: 철도, 항공, 구리, 철강, 자동차, 주택 건설 등)

경영진 지분율 Management ownership : 기업 경영진이 보유한 보통주 비율로, 일반적으로 그 비율이 높으면 책임 수준이 높다고 볼 수 있다.

공매도자 또는 공매도 Short sellers(or selling short) : 주가 하락을 기대하면서 증권사로부터 주식을 빌려와 매도하는 투자자. 이들은 빌렸던 주식을 (아마도 앞서 매도한 가격보다 낮은 가격으로) 나중에 공개 시장에서 매입해야 하는데, 먼저 매도한 다음 그보다 낮은 주가로 되사들인 나중의 매수 사이에서 돈을 번다. 공매도는 어려우므로 신규 투자자나 경험이 부족한 투자자에게는 권장되지 않는다.

기관 보증(또는 보증)Institutional sponsorship (or Sponsorship) : 기관이 보유한 기업 주식을 말

한다. 주식 수요의 최대 원천은 뮤추얼 펀드와 기관의 매수 세력이다. 매수할 주식의 이면에 기관의 뒷받침이 있는 것이 중요하다(기관투자자Institutional investors 참조).

기관투자자Institutional investors : 투자에 나서는 뮤추얼 펀드, 은행, 연기금, 보험회사 등을 말한다. 이들은 시장에서 발생하는 거래 대부분을 담당하며, 개별 종목의 주가 움직임은 물론 전체 시장 움직임에도 상당한 영향을 미친다.

기본적 분석 Fundamental analysis : 각 주식에 대한 수치와 통계. 기본적 분석은 기업의 이익, 매출액, 자기자본이익률, 이익률, 대차대조표, 시장점유율 등은 물론 기업의 제품, 경영, 산업 여건 등을 평가한다. 기본적 분석은 주식의 우량함과 매력도를 결정한다.

기술적 분석 Technical analysis : 주로 시장에서의 매수 및 매도를 분석하는 차트를 이용해서 주식 또는 전체 시장의 가격 및 거래량 움직임을 연구하는 분야.

기업 공개 Initial public offering (IPO) : 여러 가지 이유(예: 부채 감축, 연구 개발, 사업 확장)로 자본금을 조달하기 위해 기업의 주식을 대중에게 제공하는 것. 주식은 투자은행에 매각된 후 개인과 거래하는 증권사를 통해 대중에게 팔린다. 연구에 따르면, 최고의 주가 상승률을 나타낸 주식 대다수는 상장 후 8년 이내에 어마어마한 주가 상승을 시작했다.

기준(혹은 기준 패턴, 기본구조물, 가격 통합 구간, 주가 패턴)Base(and base patterns, base-building, price consolidation area, price pattern) : 기술 분석가들이 주식의 차트 패턴을 참고하기 위해 사용

한다. 일반적으로 향후 주가 상승의 지표가 될 수 있다. 이러한 주가 패턴은 일반적으로 약 7주 정도 지속되지만 12개월이나 이어지기도 한다('손잡이 달린 컵Cup with handle', '이중 바닥Double bottom', '수평 구간Flat base' 참조).

기준 패턴의 '단계' 'Stage' of base : 주가 상승에 따라 주가가 움직이는 경로로 형성되는 기준 패턴의 순서 또는 단계를 뜻하는 용어. 1년 동안 상승하는 데 성공한 주식은 크게 하락하기 전에 2~4개의 기준 패턴을 나타내곤 한다. 처음 나오는 패턴은 '1단계', 두 번째로 나타나면 '2단계' 등으로 표현한다.

나스닥 시장/거래소 Nasdaq market/exchange : '오프라인 거래소 없이' 특정 주식을 거래하는 전 세계에 걸친 컴퓨터망. 실제 오프라인 거래소에서 주식을 거래하는 뉴욕증권거래소(NYSE)와는 다르다.

나스닥 종합 지수 Nasdaq Composit : 전미증권업협회(NASD)에서 거래되는 주식의 움직임을 나타내는 지수.

누적매도Distribution : 대형 기관의 주식 매도(기관투자자Institutional investors 참조).

누적매수/누적매도 등급 Accumulation/Distribution Rating : 〈인베스터스 비즈니스 데일리〉에서만 제공하는 등급. IBD 스마트셀렉트 기업 등급 중 하나로, 최근 13주 동안 특정 종목에 대한 기관 매수(누적매수)와 매도(누적매도)의 상대적 강도를 추적한다. 주식은 다음과 같이 A에서 E까지 등급이 매겨지며 매일 업데이트된다.

A = 대규모 매수 B = 중규모 매수 C = 매수 및 매도 균형 상태 D = 중규모 매도

E = 대규모 매도

누적매수Accumulation : 기관투자자 또는 전문 투자자의 주식 매입(기관투자자Institutional investors 참조).

뉴욕증권거래소New York Stock Exchange(NYSE) : 1792년에 설립된 미국 최대이자 가장 오래된 증권거래소로, 중개인을 통해 만나는 매수자와 매도자가 주문을 내는 곳. 뉴욕시 월스트리트에 있다.

다우존스 산업평균 지수 Dow Jones Industrial Average(DJIA) : 뉴욕증권거래소의 30개 대형 우량 기업들의 일일 주가를 반영하는 지수로, 광범위하게 추종된다. 일반적으로 미국 경제의 전반적인 건전성을 반영하는 것으로 여겨진다.

대형주Big-cap stock : 다수의 뛰어난 종목들이 있다. 대형주로는 마이크로소프트, IBM, AT&T를 들 수 있다.

'대규모 자금 동향' 목록'Where the Big Money's Flowing' 목록 : 〈인베스터즈 비즈니스 데일리〉의 중요한 일일 목록으로, 일반적인 과거 일일 거래량 수준보다 거래량 증가율이 가장 높았던 종목을 걸러서 보여준다. 대개는 기관들이 주식을 매수 또는 매도하고

있다는 신호다. 뉴욕증권거래소와 나스닥 주식 일람표의 첫머리에서 볼 수 있다.

'대형주 성장 펀드 대비 소형주 성장 펀드' 차트'Big-Cap. Growth Funds vs. Small-Cap. Growth Funds' chart : 〈인베스터스 비즈니스 데일리〉의 '산업군' 페이지에서 찾을 수 있다. 이 차트는 기관들이 대형주 펀드와 소형주 펀드를 매매하는 정도를 비교해서 보여준다. 이 기능은 기관별 두드러지는 변화를 파악하는 데 도움이 된다.

데일리 그래프 Daily Graphs: 개인투자자에게 수천 종목에 대한 광범위한 기본적 및 기술적 지표를 제공하는 간행물 및 온라인(www.dailygraphs.com) 차트 서비스(현재는 '마켓스미스'로 업그레이드됨-옮긴이).

랠리(및 가짜 랠리)Rally (and false rally) : 개별 주식이나 전체 시장이 하락기를 거친 후 주가가 반등하며 상승하려는 시도. 성공적인 랠리는 대체로 평소 거래량보다 더 지속적인 주가 상승으로 확인된다. 가짜 랠리는 일반적으로 주가 상승이 나타나기는 하지만 거래량이 많다거나 늘어나고 있다고 보기 어려우며, 시장에 대규모 매수세가 없음을 뜻한다. 가짜 랠리는 종종 그리 오래 지속되지 않거나, 주가가 크게 회복되지 않는다.

매도호가 및 매수호가 Ask and bid price : 주식을 매수 또는 매도할 수 있는 가격 결정에 쓰는 체계. 일반적인 매수는 매도호가를 따르는데 이는 매도자가 수락할 수 있는 최저 주가다. 일반적인 매도는 매수호가를 따르며 이는 매수자가 지불할 의향이 있는 최고 주가다. 둘 사이의 차이를 '스프레드'라고 한다(스프레드Spread 참조).

매매 참여자 간의 스프레드(또는 주가 스프레드)Spread, market makers(or price spread) : 주식의 매수호가(투자자가 주식을 팔 수 있는 가격)와 매도호가(또는 제시호가) 사이의 격차다. NYSE 와 나스닥에 상장된 모든 주식에는 매수호가와 매도호가 사이의 다양한 스프레드가 존재한다.

매수 지점 Buy point : (피봇 포인트Pivot point 참조)

매수호가Bid price : (매도호가 및 매수호가Ask and bid price 참조)

매출액 증가율 Sales growth : 기업의 연간 및 분기별 소득(매출액) 증가율. 강한 주당순이익 증가율을 동반할 경우, 성장과 성공의 잣대이다. 잠재적인 투자 대상에서 이 두 가지를 살펴보자.

매출액+이익률+ROE 등급'Sales+Profit Margins+ROE'(SMR) Rating : 투자자가 다른 모든 종목과 비교해 매출액 증가율, 이익률, 자기자본이익률이 우수한 기업을 파악할 수 있도록 〈인베스터스 비즈니스 데일리〉가 개발한 독특한 등급. A에서 E까지 등급을 매기며, 매출액, 이익률, ROE 면에서 상위 20%에 해당하면 A등급, 상위 40%에 해당하면 B등급이다. 이는 다섯 가지 IBD 스마트셀렉트™ 기업 등급 중 하나다.

머니마켓펀드Money market funds(MMF) : 미국 재무부 채권(T-bills) 및 최고 신용등급인 미국 국채에 투자하는 펀드.

모의 거래 Paper trading : 실제 시장에서 진짜 돈으로 거래하지 않고 시장을 경험해보는 방법으로, 문서상 매매 의향으로만 투자 성과를 추적하는 것. 모의 거래에는 실제 돈을 투자할 때 경험하는 희망감과 공포감이 없다.

뮤추얼 펀드 36개월 성과 등급36-Month Mutual Fund Performance Rating : 전체 뮤추얼 펀드의 3년치 총 수익률 기록을 추적해 평가하는 유일한 등급(A+에서 E까지 있음). A+ 등급 펀드는 실적 면에서 상위 5%에 해당한다. A등급 펀드는 상위 10%에 해당한다.

뮤추얼 펀드 Mutual fund : 전문 투자 회사가 소액의 수수료를 받아서 운용하는 다양한 주식 포트폴리오. 투자자들은 전체 포트폴리오에 편입된 주식을 매수한다.

'반등 지속 지점' 출현일 'Follow-through' day : ('1% 반등 지속 지점 출현일1% Follow-through day' 개념 참조)

변동성Volatility : 주가가 변동하는 정도에 대한 척도. 변동성은 크면서도 빈번한 주가 급등락으로 나타난다.

보증 등급 Sponsorship Rating : 〈인베스터스 비즈니스 데일리〉의 독특한 등급으로, 어느 기업의 주식을 성과가 좋은 뮤추얼 펀드에서 보유하고 있는지, 해당 종목을 매입한 뮤추얼 펀드가 더 있는지를 알 수 있게 해준다. A에서 E까지의 등급이 매겨지며, 성과가 우수한 펀드가 보유하고 있거나 보유 비중을 늘리고 있는 상위 20% 종목에 해당하면

A등급, 상위 40% 종목에 해당하면 B등급을 나타낸다.

보증Sponsorship : (기관 보증Institutional sponsorship 참조)

복리Compounding : 일반적으로 뮤추얼 펀드에 적용되며, 이익을 지속적으로 재투자해 향후 수년간 더 많은 자금이 투자자를 위해 일하게 할 수 있다.

분산Diversification : 포트폴리오의 위험을 줄이기 위해 많은 투자 분야로 투자 자본을 분산하는 것(자산 배분Asset allocation 참조).

사후 분석 Post-analysis : 이전의 특정 기간 동안 행했던 모든 매수와 매도를 차트에 표시하고, 손실을 입은 경우와 수익을 올린 경우를 나누어 주식시장에서의 성공과 실수를 평가하는 중요한 과정. 투자자가 과거의 결정으로부터 현실적으로 배움으로써 미래의 성과를 개선할 수 있게 한다.

산업군 및 티커 기호 목록 Industry Group and Ticker Symbol Index : 〈인베스터스 비즈니스 데일리〉가 발행하는 출판물. 이 책자는 〈인베스터스 비즈니스 데일리〉가 197개 산업군별 해당 주식들을 정리해 세 가지 유형(기업명, 티커 기호, 산업군)으로 분류했다. 800-831-2525로 전화하면 주문할 수 있다.

산업군 상대적 강도 등급(또는 산업군 강도)Industry Group Relative Strength Rating(or Group

Strength) : 〈인베스터스 비즈니스 데일리〉에서만 볼 수 있는 IBD 스마트셀렉트™ 기업 등급은 최근 6개월 동안 어느 주식이 속한 산업군의 주가 성적을 나머지 196개 산업군과 비교한 것이다(전체 산업군 176개). A에서 E까지 등급을 매기며, A등급 주식은 최고 성적 산업군이 된다. E등급 주식은 성적이 부진한 최하위 산업군에 속한다.

산업군Industry group : 유사한 서비스나 제품을 제공하는 여러 개별 기업으로 이루어진다. 산업은 섹터보다 더 구체적인 경향이 있다.

'산업 주가' 페이지'Industry Prices' feature : 〈인베스터스 비즈니스 데일리〉에서 매일 확인 가능한 것으로, 최근 6개월 동안의 주가 성적에 따라 197개 산업군 순위를 매겨, 최고 및 최악의 주가 성적을 나타내는 산업을 쉽게 파악할 수 있다. 이 197개 산업군은 〈인베스터스 비즈니스 데일리〉에서만 제공하며 정확하게 어떤 산업이 가장 강세인지 더욱 잘 알 수 있다.

상대적 강도 추세선 Relative strength line : 대부분의 괜찮은 차트 서비스에서 이용할 수 있는 상대적 강도 추세선은 종목의 주가 성과를 전체 시장과 비교한다. 상대적 강도 추세선이 상승세인 경우, 해당 종목은 범위가 더 넓은 시장(S&P 500 지수)을 능가한다. 해당 종목이 하락세인 경우에는 전체 시장보다 성과가 뒤쳐진다. 일반적으로 상대적 강도 추세선에서 전반적인 하락세를 보이는 종목은 피하는 게 현명하다.

상대적 주가 강도(RS) 등급(또는 상대적 강도)Relative Price Strength(RS) Ratin (or relative strength)

: <인베스터스 비즈니스 데일리>에서만 제공하는 등급. 이 IBD 스마트셀렉트™ 기업 등급은 최근 12개월 동안 다른 모든 종목과 비교해 각 종목의 주가 성과를 측정한다. 70 미만인 종목은 상대적 주가 성과가 더 미약하거나 더 뒤쳐진다는 뜻이다.

상승/하락 추세선 Advance/Decline Line : 상승/하락 추세선은 뉴욕증권거래소(NYSE)에서 매일 주가가 하락한 종목 수 대비 상승한 종목 수의 합계로 산출한다. 전체 시장과 투자 시점에 대한 기술적 분석 도구로 투자자들이 종종 오용하거나 잘못 해석하기도 한다.

선도주 또는 소외주 Leader or laggard : 전체 시장을 능가하거나 부진한 성적을 올리고 있는 기업이나 산업군을 말한다. 선도 산업군의 최고 종목을 찾으려면 <인베스터스 비즈니스 데일리>의 상대적 주가 강도 등급 및 산업군 상대적 강도 등급을 참조하라.

선물 거래 Futures trading : 시장에 대한 확실한 이해와 강력한 자금 운용 기술 없이는 하면 안 되는 고도로 투기적이고 리스크가 높은 시도. 선물이란 특정 시점과 가격에 특정 상품을 미래에 양도하는 것을 바탕으로 하는 계약이다. 일반적으로 원자재 선물, 금융 선물, 지수 선물 등 세 가지 상품 분야로 거래된다(원자재Commodities 참조).

선행 상승 추세 Prior uptrend : 주식 차트에 패턴이 생성되기 직전 몇 개월 동안의 주가 변동 추이를 나타내기 위해 차트를 읽는 사람이 사용하는 문구. 건강한 종목은 해당 종목이 전체 시장을 능가하는 선행 상승 추세를 보여준다. 소외되거나 부진한 종목은 선행 하락 추세를 나타낸다.

성장 주식/산업군/섹터(및 성장주 투자)Growth stocks/industry groups/sectors(and growth stock investing) : 수입과 이익이 급격히 확대된 이력을 보이는 기업, 산업, 섹터. 성장주는 일반적으로 배당금을 지급하지 않는다. 성장주는 미래 성장을 위해 이 자본을 자사에 재투자한다. 역사적으로 시장에서 대규모 성과를 낸 이기는 주식의 넷 중 셋은 성장주였다.

성장 펀드 Growth fund : 성장주 보유에 특화된 뮤추얼 펀드(성장주Growth stocks 참조).

섹터 차트 Sector charts : 이 차트는 〈인베스터스 비즈니스 데일리〉의 '전체 시장&섹터' 페이지에서 볼 수 있으며 선도적인 섹터의 최근 3개월 동안의 증가율을 보여준다. 섹터 차트는 각 섹터의 강도를 판단하는 데 유용하다.

섹터Sectors : 다수의 유사한 산업군으로 구성된 것. 산업industry은 섹터보다 광범위하다. 예를 들어, 첨단기술 부문이나 소비자 섹터에는 여러 가지 다른 산업이 포함될 수 있다.

소멸 갭 Exhaustion gap : 주식이 전날 고점에서 마감한 주가와 격차(gap)를 보이며 상승 출발하는 상태를 설명하는 기술적 분석 용어. 해당 주식은 몇 개월 전부터 주가 상승이 이어졌던 상황이다. 이는 대체로 주식 움직임의 마지막 단계를 나타낸다(갭Gap 참조).

소형주Small-cap stocks : 발행 주식 수가 비교적 적은 기업.

손익계산서Profit and loss statement : 기업의 수익성을 보여주는 분기별 또는 연간 보고

서로, 수입과 비용을 모두 알 수 있다.

손잡이Handle : 윌리엄 오닐의 '손잡이 달린 컵' 차트 패턴의 구성요소. 손잡이는 패턴의 마지막 부분을 뜻한다. 손잡이는 1~2주 정도로 짧거나 더 길게 몇 주 동안 나타날 수 있으며, 저점을 따라 흘러내리거나 하락해야 한다. 이는 반드시 수반되는 되돌림 현상, 즉 주가 조정을 피하는 데 도움이 된다. 적절한 손잡이는 10~15% 이상 주가 하락을 보이는 경우가 거의 없다. 손잡이는 보통 저점 가까이에서 거래량이 별로 없는데, 이것은 더 이상 해당 주식의 매도가 없다는 의미다. 혹은 극히 미미한 거래량만으로도 주가가 달라지는 몇몇 조밀한 구간을 보이게 된다. 몇 주 동안은 사실상 주가가 변동하지 않을 수도 있다('손잡이 달린 컵Cup with handle' 및 종목 흔들기Shakeout 참조).

'손잡이 달린 컵 Cup with handle**'** : 윌리엄 오닐이 개발한 차트로, 주식에 대해 기술적 분석을 할 때 살펴볼 수 있는 세 가지 긍정적인 차트 패턴 중 하나다. 손잡이 달린 커피잔의 윤곽을 닮아서 붙인 명칭이다.

수수료Commissions(주식, 뮤추얼 펀드 등) : 고객 대신 매수하거나 매도하기 위해 중개업체에 지불하는 요금.

수주잔량Backlog : 기업이 주문을 받았거나 판매를 했으나 아직 다 처리하지 못한 전체 물량(수주잔량 증가는 대개 경기 회복을 의미함).

'수평 구간 Flat base**'** : 기술적 분석 시 세 가지 긍정적인 차트 패턴 중 하나. 일반적으로 주식이 '손잡이 달린 컵' 또는 '이중 바닥' 패턴에서 벗어나 상승 후 발생한다. '수평 구간'은 최소한 5주 동안 상당히 조밀한 가격대에서 횡보하며 8%에서 12% 이상 조정받지 않는다.

순자산가치Net asset value : 펀드 운용 비용을 고려해 산출한 것으로, 펀드 자산의 주당 가치.

스마트셀렉트™SmartSelect™: (IBD 스마트셀렉트SmartSelect 기업 등급 참조)

스탠더드&푸어스 500 Standard&Poor's 500(S&P 500) : 500대 주요 기업 지수. 400대 산업 기업, 20대 운송 기업, 40대의 유틸리티 기업, 40대 금융 기업 등을 포함한다. 이 지수는 시장가치 가중 지수다(종목별 시가총액에 비례해 지수 내 종목 비중을 구성한다는 뜻-옮긴이).

시장 심리 지표 Psychological market indicators : 투자자의 심리를 측정하는 데 쓰이며 '콜 거래량 대비 풋 거래량 비율', '시장 자문가들의 강세장 대비 약세장 비율' 등 다양한 기술적 분석 수단.

시장 저점 Market bottom : 전체 시장이 전반적으로 저점에 도달한 다음, 수익률이 개선되는 기간으로 반등하는 국면.

'시장 섹터 지수 Market Sector Indexes**'** : 〈인베스터스 비즈니스 데일리〉의 조그마한 일일 산업 섹터 차트로, '전체 시장&섹터' 및 '산업군' 페이지에 있다. 다우존스 유틸리티, 첨단기술 및 경기방어주와 같은 주요 섹터 등이 있다. 섹터의 상대적 강도 성적 순서로 정리되어 있다. 현재 시장의 선도 섹터를 판단하는 데 유용하다.

신고가New highs : 최근 52주 동안의 최고 종가와 비교했을 때 주가가 최고치를 새롭게 기록한 것.

'신고가 주식 비율 최다 그룹 Groups with the Greatest % of Stocks Making New Highs**' 목록** : 〈인베스터스 비즈니스 데일리〉의 '산업군' 페이지에서 찾을 수 있으며, 전체 시장의 실제 선도주인 상위 4~5개 섹터를 빠르게 살펴보는 방법.

'신고가 New Highs**' 목록** : (52주 신고가 및 신저가 페이지52-Week Highs&Lows feature 참조)

신용 거래 계좌 Margin account : 주식을 매수할 때 증권사로부터 빌린 자금을 이용할 수 있는 주식 거래 계좌(현금 거래 계좌Cash accounts 참조).

쐐기형Wedging : '손잡이 달린 컵' 가격 패턴의 손잡이 구간이 '피봇' 또는 매수 시점 직전의 일주일 동안 어떻게 상승하는지를 나타내는 기술적 분석 용어. 이것은 건설적인 신호가 아니다. 적당한 손잡이는 상승 지점 앞에서 흔들림 또는 미미한 하락세를 보여야 한다. 쐐기형 손잡이는 틀린 패턴을 의미하는 경향이 있으며 잘못되기 쉽다.

약세장Bear market : 시장 지수(즉, 다우존스 산업평균 지수, S&P 500 지수, 나스닥 종합 지수)가 15~25% 하락하고 경우에 따라 50%까지 하락하는 기간. 이런 추세는 때때로 약 9개월에서 1년 동안 이어지지만 짧게는 3개월에서 길게는 6개월까지 지속되기도 한다.

역발상 지표 Contrarian indicators : 역발상 전략을 따르는 투자자들이 사용하는 특수 심리 지표다. 역사적으로 이러한 지표가 양극단 중 한 상태에 이르면 이는 역발상 시장 활동의 조짐을 나타낸다. 예를 들어, 시장 분석가 대다수가 강세장이라고 판단할 때, 일부 역발상 투자자들은 시장이 머지않아 정점에 도달할 가능성이 크다고 여긴다. 마찬가지로, 시장 분석가 대다수가 약세장이라고 판단할 때, 역발상 투자자들은 시장이 또 다른 상승을 준비하고 있다고 생각한다(시장 심리 지표Psychological market indicators 참조).

연간 이익 Annual earnings : 기업의 성장을 보여주는 장기 지표. 일반적으로는 특정 연도의 주당순이익을 말한다.

연방준비제도이사회 할인율 Federal Reserve Board's Discount Rate : 회원 은행들이 연준에서 자금을 빌릴 때 들어가는 비용을 나타내는 주요 시장 변수. 금리 인하는 차입을 권장하고 통화 공급을 확대한다. 반면 금리 인상은 이와 반대 효과를 낸다.

연방준비제도이사회(또는 연준)Federal Reserve Board(or The Fed) : 미국의 통화 공급, 은행 시스템, 금리에 대한 감독, 규제, 영향력을 행사하는 정부 기관. 이 기관은 종종 정부 유가증권을 매수하거나 매도하는 행위 및 기타 규제 조치를 통해 이를 시행한다.

윌리엄 오닐의 이기는 투자

우량주Blue-chip stock : 이익과 수익성 등 펀더멘털이 양호하고 자질이 우수해 오랫동안 명성이 높은 전국적으로 알려진 상장기업.

(뮤추얼 펀드의)운용 수수료 Management fee(for mutual funds) : 보통 연 0.5%인 소액 수수료는 뮤추얼 펀드 운용사가 펀드의 주식 포트폴리오를 관리 및 감독하는 대가로 부과한다.

원자재Commodities : 농산물(콩, 삼겹살, 곡물, 커피 등), 금속, 금융지수, 목재, 의류 원단 등의 생산품이다. 원자재 선물 계약으로 투자자에게 매도한다(선물Future 참조).

윌리엄 오닐&컴퍼니 William O'Neil+Co., Incorporated : 1963년 설립된 기관 리서치 기업. 1953년 이후 주식시장에서 최고의 수익률을 올린 이기는 주식의 모델을 바탕으로 미국 최초의 일간 주식 데이터베이스를 개발했다. 오늘날 이 회사는 전 세계 최대 규모의 기관투자자 중 400곳 이상에 컴퓨터로 처리한 주식 리서치 자료를 제공한다. <인베스터스 비즈니스 데일리>의 자매사다.

이익(및 이익 증가)Earnings(and earnings growth) : 분기 및 연간 기준으로 분석된다. 이익은 기업의 순이익과 성장성을 측정할 수 있는 기본 잣대다.

(세전, 세후)이익률(pre-tax, after-tax)Profit margins : 연간 수입을 연간 이익으로 나누어 계산한 기업의 수익성을 백분율로 표시한 것. 이익률이 높으면서도 개선될수록, 수익성이

더욱 좋은 기업을 나타낸다. 기업의 세전 이익(세전 이익률) 또는 세후 이익(세후 이익률) 중 하나를 수입으로 나누어 계산할 수 있다.

이자율Interest rates : 은행과 기타 기관이 고객에게 자금을 빌릴 때 부여하는 다양한 가격을 뜻한다.

'이중 바닥 Double bottom**'** : 윌리엄 오닐이 파악한 차트 패턴으로 'W'를 닮았다. 주식에 대해 기술적 분석을 할 때 살펴봐야 할 세 가지 긍정적인 차트 패턴 중 하나.

〈인베스터스 비즈니스 데일리〉Investor's Business Daily : 컴퓨터로 처리된 데이터를 활용해 사람들이 더욱 현명한 투자 결정을 내릴 수 있도록 지원하는 시간 절약형 리서치 수단. 여기에서만 볼 수 있는 정보는 '주식시장 최고의 이기는 주식에 대한 45년 동안의 연구'를 종합한 결과물이다. 〈인베스터스 비즈니스 데일리〉는 또한 개인의 직업과 인생에 도움이 되는 교육적이면서도 동기를 부여하는 특집 기사도 제공한다.

《인베스터스 비즈니스 데일리 주식시장 설명서the Investor's Business Daily Guide to the Markets**》** : 〈인베스터스 비즈니스 데일리〉 기자들이 저술한 책으로, 시장에서 성공하기 위해 모든 투자자가 필요로 하는 배경지식을 제공한다. 현재 이용할 수 있는 다양한 투자 유형에 대해 자세히 설명한다. 〈인베스터스 비즈니스 데일리〉의 특징뿐 아니라 기본적 분석 및 기술적 분석을 활용해 현명한 투자 결정을 내리는 방법도 설명한다.

일간 (또는 주간) 고가 및 저가 Intra-day (or week) high and low price : 세 가지 변수로 일간(또는 주간)의 주가 움직임을 나타낸다. 막대의 상단은 하루 (또는 한 주) 동안에 거래된 가장 높은 주가 즉 일일 최고가를 의미한다. 막대의 하단은 하루 (또는 한 주) 동안에 거래된 가장 낮은 주가 즉 일일 최저가를 의미한다. 세로선과 교차하는 사선은 하루 (또는 한 주) 동안에 거래된 해당 주식의 종가를 뜻한다.

자기자본이익률Return on equity(ROE) : 기업의 재무성과 지표. 기업이 자금을 얼마나 효율적으로 벌어들이는지 측정한다. 역사적으로 주식시장 최고의 이기는 주식들은 어마어마한 수익률을 기록하기 전에 17~50%의 ROE를 보였다.

자산 배분 Asset allocation : 포트폴리오의 일정 비율을 다양한 투자 유형(주식, 채권, 해외 주식, 현금 보유고 또는 현금성 자산, 금, 뮤추얼 펀드, 선물, 옵션 등)에 배분하는 행위.

장부가 대비 현재 가치 Price-to-book value : '시장 가치(현재 주가로 결정됨)'를 '전체 회사 자산에서 부채를 뺀 값(=장부가)'과 비교한 것. '주식시장 최고의 이기는 주식에 대한 45년 동안의 연구'를 바탕으로 한 이 측정치는 이기는 주식들 가운데에서는 유의미한 것으로 입증되지 못했다.

전체 시장(및 전체 시장 평균, 전체 시장 지수)General marke(and general market averages, general market indices) : 증시의 전반적인 건전성을 시각화해 보여주는 지수. 가장 일반적으로 알려진 전체 시장 지수는 다우존스 산업평균 지수, 나스닥 종합 지수, S&P 500 지수다.

'전체 시장&섹터 General Market&Sectors**' 페이지** : 〈인베스터스 비즈니스 데일리〉에서만 볼 수 있는 페이지로, 주요 시장 지수별로 대형 그래프를 중첩해 그려서 추세와 시장별 차이를 쉽게 파악할 수 있다. 이 페이지에는 '빅 픽처The Big Picture', 섹터 차트, IBD 뮤 추얼 펀드 지수도 있다.

조정(또는 주가 조정, 되돌림, 전체 시장 조정)Correction(or price correction, pullback, general market correction) : 전체 시장 지수 또는 개별 주식이 하락하는 것.

종목 흔들기 Shakeout : 사람들을 겁먹게 만드는 주가의 급락 또는 조정(일반적으로 최근의 저점 미만)으로, 이 현상이 나타난 후 주가는 반등해 상승한다.

주가 통합 구간 Price consolidation area : (기준 패턴Base 참조)

주가수익비율Price/earnings ratio(PER) : 이론적으로 현재 주가를 최근 12개월 동안의 주당 순이익으로 나눠서 주식 가치를 측정하는 것. 주식의 PER이 높으면, 대다수 투자자는 이를 주가가 높거나 과대평가된 것으로 여긴다. PER이 낮은 주식은 일반적으로 훌륭한 가치를 지닌 것으로 간주된다. 그러나 주식시장 최고의 수익률을 보여준 이기는 주식에 대한 연구를 통해, 윌리엄 오닐은 이와 반대로 PER이 높을수록 더 좋은 주식이라는 사 실을 발견했다. 최근 15년 동안 최고의 이기는 주식들의 평균 PER은 엄청난 주가 급등 이 나타나기 전 초기 매수 시점에 31배를 나타냈다. 이 종목들의 PER은 주가가 100% 이상 급등하면서 70배 이상으로 확대됐다. PER은 수많은 투자자에게 오해되고 잘못 활용되고 있다.

주당순이익 등급 Earnings Per Share(EPS) Rating : 〈인베스터스 비즈니스 데일리〉의 IBD 스마트셀렉트™ 기업 등급에서만 볼 수 있는 등급. 기업의 이익 증가율을 다른 전체 상장 기업과 비교해 주식에 1에서 99까지의 등급을 매긴다(최고 등급은 99). EPS 등급이 80 이상인 종목은 이익에서 전체 상장기업보다 80% 이상 더 나은 성과를 올린다. EPS 등급은 각 기업의 최근 2분기 실적과 3~5년 동안 연간 EPS 성장률을 종합했다.

주당순이익Earnings per share(EPS) : 기업의 세후 총이익을 해당 기업의 발행 보통주 수로 나누어 계산한 것. 성장성과 수익성을 나타내는 지표로 사용될 수 있다.

주식 옵션 Options, stock : 특정 미래 기간(옵션 만기일)까지 특정 주당 가격으로 주식을 매수('콜') 또는 매도('풋')하기 위해 매수한 계약. 옵션은 변동성이 매우 높으며 상당한 리스크를 수반할 수 있다.

주식시장 설명서 Guide to the Markets : (《인베스터스 비즈니스 데일리 주식시장 설명서the Investor's Business Daily Guide to the Markets》 참조)

'주식시장 최고의 이기는 주식에 대한 45년 동안의 연구45-Year Study of the Greatest Stock Market Winners**'** : 윌리엄 오닐은 주식 거래중개인으로 투자 경력을 시작했다. 세월이 흐르면서 그는 역대 최고의 이기는 주식을 분석해 자신만의 독특한 투자 전략을 발전시켰다. 이 연구는 그 당시 각 주식에 이용할 수 있는 모든 기본적 및 기술적 정보를 살펴보았다. 특정 요소에 대해 중요하다거나 무관하다고 가정된 선입견은 배제됐다. 윌리엄 오닐이 발견한 것은 1953년부터 오늘날까지 주기적으로 반복해 나타나는 일곱 가지 공통된 특징이 있다는 것이었다. 이러한 일반적인 특징은 기억하기 쉬운 약자인 CAN SLIM으로 정리되었다. 각 문자는 일곱 가지 주요 항목 중 하나를 의미한다(CAN SLIM 참조).

증권거래위원회Securities&Exchange Commission(SEC) : 증권업을 규제하고 감독하기 위해 만들어진 정부의 감독 기관.

(주식의 상한 및 하한)**지지선**Channel lines(of a stock, upper and lower) : 증권 차트의 지지선은 최고가 3개를 이은 직선과 같은 기간의 최저가 3개를 이은 어느 정도 평행한 선을 그려 정해지는데, 보통 2개월치가 나온다. 너무 짧은 기간에 걸쳐 그려진 지지선은 설익은 상태이거나 부정확할 수 있다.

차트의 주가 추세선/주가 추세 구도 Price line/price plot on a chart : 차트의 수평선은 주가 기록을 나타낸다. 가느다란 수직선은 하루(또는 주간)의 주가 움직임을 보여주며, 그날 하루 또는 주에 거래된 해당 종목의 최고 및 최저 주가를 나타낸다. 수직선과 교차하는 작은 사선은 같은 기간 동안 해당 주식의 종가를 의미한다.

채권Bond: 돈을 빌리는 발행자와 돈을 빌려주는 투자자 사이의 대출 약정을 나타내는 차용증서IOU. 특정 이자가 정기적으로 지급되며, 원금은 최종 만기에 상환된다.

최상단Climax top : 주가가 몇 개월 상승한 후 1~2주 동안 갑자기 훨씬 빠른 속도로 상승하는 구간. 일반적으로 주가 상승의 마지막 '단계'에서 발생하며, 이는 향후 주가 움직임의 횡보 또는 하락을 나타낸다. 종종 주가 상승을 동반한다. 윌리엄 오닐의 연구에 따르면, 시장의 수많은 대형 선도주들이 이러한 방식으로 고점에 도달한다(갭Gap과 소멸 갭 Exhaustion gap 참조).

《최고의 주식 최적의 타이밍》How to Make Money in Stocks : 윌리엄 오닐의 저서로, 이 베스트셀러(100만 권 이상 판매)는 CAN SLIM 투자 전략을 활용해 주식을 매매하는 방법을 보여준다.

캔 슬림CAN SLIM : 윌리엄 오닐의 투자 전략을 약어로 표시한 것. CAN SLIM은 지난 45년 동안 가장 위대했던 이기는 주식을 대상으로 한 그의 연구에서 발견된 일곱 가지 공통점을 바탕으로 한다. CAN SLIM에 대한 자세한 설명은 윌리엄 오닐의 저서인 《최고의 주식 최적의 타이밍》에서 찾아볼 수 있다.

C = 현재 분기 순이익 증가Current Earnings Growth

A = 연간 순이익 증가Annual Earnings Growth

N = 신제품, 신규 서비스, 신경영, 신고가New Products, New Services, New Management, New Price Highs

S = 공급 및 수요Supply and Demand

L = 선도주인가 소외주인가Leader or Laggard

I = 기관 보증Institutional Sponsorship

M = 시장Market

컨센서스 이익 추정치 Consensus earnings estimate : 향후 1~2년 동안의 기업 잠정 이익에 대해 시장 분석가들이 예상한 수치를 종합한 것.

턴어라운드 종목 Turnaround stock : 한동안 실적이 저조했으나 현재 매출액과 이익이 반등하는 기업으로, 대개 신경영, 신제품 또는 산업 여건 개선으로 인해 나타난다. 역사적으로 기존에 큰 수익을 올린 이기는 주식 넷 가운데 하나는 턴어라운드 상황에서 출발했다.

투자 매니저 Money managers : 뮤추얼 펀드, 은행, 연기금, 보험회사와 같은 기관을 위해 포트폴리오를 운용하는 전문가.

투자설명서Prospectus : 증권거래위원회(SEC) 요구로 기업이나 뮤추얼 펀드가 공개하는 장문의 공식 발행문서. 기업 또는 펀드의 사업이나 투자 전략/목표, 계획, 장단기 실적 수치, 리스크, 경쟁상황, 보유자산, 경영정보 등을 담고 있다.

평균 매수단가 상승 또는 하락 Averaging up or down in price : 평균 매수단가 상승이란 주식을 처음에 매수한 다음, 주가가 상승함에 따라 주식을 추가 매수하는 것이다. 원래 올바른 '피봇 포인트'(또는 매수 시점)에서 주식을 매수하고 주가가 원래 매수 주가보다 2% 또는 3% 상승하는 경우라면, 추가 매수를 해도 된다. 평균 매수단가 하락은 주가가 하락함에 따라 주식을 추가 매수하는 것이다. 이런 행위는 위험하다. 주가는 얼마나 하락할지 알 수 없다. 평균 단가란 주식을 매수할 때마다 지불한 가격을 매수한 주식의 총수로 나눈 값을 말한다. 처음에 매수한 100주를 50달러에, 2차로 75주를 51.5달러에 매수한 경우, 175주의 평균 매수단가는 8주당 약 50.625달러다.

폐쇄형 펀드 Closed-end funds : 폐쇄형 펀드는 매도할 주식 수가 정해져 있다. 이들의 보유 종목은 주요 거래소에서 거래되며 시장의 수급에 따라 변동한다. 개방형 뮤추얼 펀드처럼 주식이 순자산 가치대로 매도된다는 보장은 없다.

포트폴리오 운용 Portfolio management : 보유 종목의 수, 추가 및 감소, 매도 시의 중요한 가중치, 전략, 방법 등을 말한다. 또한 시간이 흐른 뒤 보유 종목들을 변경하고 매매 결정을 내리는 방법이기도 하다.

풋콜 비율 Put-call ratio : 시장에서 풋(매도) 옵션 거래량을 콜(매수) 옵션 거래량으로 나눈 값. (콜 대비 풋이 더욱) 높은 비율은 시장의 과도한 약세 또는 비관적이라는 징후다. 역사적으로 그 반대 경우에는, 시장이 상승 또는 강세 국면으로 향할 수 있음을 보여준다.

'피봇 포인트' (또는 매수 지점)'Pivot point' (or buy point) : 정상적이고 적절한 기준 패턴 영역이나 차트 패턴(가장 흔한 것은 '손잡이가 달린 컵', '수평 구간', '이중 바닥' 등)에서 생성되어 신고가 종목으로 치솟는 최적의 매수 지점이다. 이 지점은 저항이 가장 적은 곳으로, 윌리엄 오닐의 연구를 통해 현재 및 과거 주가와 거래량 움직임으로 볼 때, 실질적으로 더 상승할 가능성이 가장 크다는 것을 나타낸다.

현금 거래 계좌 Cash account : 모든 거래가 현금으로 이루어지는 매매 거래 계좌(신용 거래 계좌Margin account 참조).

회전율Turnover rate : 뮤추얼 펀드에서 보유한 주식들을 연간 거래한 빈도를 비율로 나타낸 것. 펀드의 매매 움직임을 보여주는 지표다. 다수의 공격적인 성장 펀드는 회전율이 더 높다.

IBD 뮤추얼 펀드 지수 Mutual Fund Index, IBD : 〈인베스터스 비즈니스 데일리〉의 '전체 시장&섹터' 페이지에서만 매일 볼 수 있는 미국 성장주 펀드 지수. 다른 주요 지수와 함께 전체 시장 지표로 이용할 수 있다.

IBD 스마트셀렉트™ 기업 등급IBD SmartSelect™ Corporate Ratings : 결함 있는 주식을 걸러내고 잠재적인 시장 선도주를 파악하며 시간도 절약하면서 주식 선별 능력을 크게 개선하기 위해 고안된 다섯 가지 리서치 등급으로, IBD에서만 볼 수 있다. 여기에 해당하는 등급은 다음과 같다.

'1% 반등 지속 지점 출현일' 개념1% Follow-Through Day' concept : 분명한 하락 추세부

터 새로운 상승 추세에 이르는 전체 시장 방향의 중요한 변화를 파악하기 위해 윌리엄 오닐이 개발한 시스템. 분명한 하락세 동안 시도된 랠리가 시작된 첫날에서부터, 전날보다 거래량이 급증한 상태에서 그날 지수가 1% 이상 상승 마감하면 '반등 지속 지점' 출현일이라고 볼 수 있다. 처음 2~3일간의 랠리는 일반적으로는 무시된다. 아직 그 랠리가 성공으로 이어져 강한 확신을 갖고 '반등 지속'에 나설 근거로 삼을 수 없기 때문이다. 따라서 '반등 지속 지점' 당일은 일반적으로 랠리가 시도된 지 4일에서 7일 사이에 나타난다. 그런 것들은 시장이 정말로 방향을 전환하고 새로운 상승 추세에 있음을 확인할 수 있게 해준다.

10Ks/10Q : 증권거래위원회SEC에서 요구하는 기업 보고서로, 10K는 연례 보고서, 10Q는 분기 보고서다. 이 보고서들은 기업의 최근 사업 상황을 종합적으로 요약해 제공한다.

가격 및 거래량 차트 Price and volume chart : 주가와 거래량 이력을 보여주는 일별, 주별 또는 월별 기준 그래프. 오늘날 대다수 전문 투자자가 매매 시점과 종목 선정 시 보조용으로 쓴다.

'52주 신고가 및 신저가' 페이지'52-Week Highs&Lows' feature : 매일 〈인베스터스 비즈니스 데일리〉의 '산업군' 페이지에서 살펴볼 수 있다. 해당 섹터 내에서 신고가를 기록하는 개별 종목 선별('신고가' 목록)은 물론, 신고가를 형성하는 종목이 가장 많은 상위 산업군을 분류한다.

윌리엄 오닐의 이기는 투자

초판 1쇄 발행 2022년 7월 29일
3쇄 발행 2024년 3월 13일

지은이 윌리엄 오닐
옮긴이 이혜경

펴낸곳 ㈜이레미디어
전화 031-908-8516(편집부), 031-919-8511(주문 및 관리)
팩스 0303-0515-8907
주소 경기도 파주시 문예로 21, 2층
홈페이지 www.iremedia.co.kr | **이메일** mango@mangou.co.kr
등록 제396-2004-35호

편집 김은혜, 이병철 | **본문디자인** 산타클로스 | **표지디자인** 유어텍스트
마케팅 김하경 | **재무총괄** 이종미 | **경영지원** 김지선

ISBN 979-11-91328-58-5 (03320)

당신의 소중한 원고를 기다립니다.
mango@mangou.co.kr